인문학을 마시는 시간

커피 한 잔을 마시는 동안
생각해 보는
나와 세상에 관한 이야기

인문학을 마시는 시간

2022년 4월 1일 처음 펴냄

지은이 이남석
펴낸이 신명철 | 편집 윤정현 | 영업 박철환 | 경영지원 이춘보 | 디자인 최희윤
펴낸곳 (주)우리교육 | 등록 제 313-2001-52호
주소 03993 서울특별시 마포구 월드컵북로 6길 46
전화 02-3142-6770 | 팩스 02-6488-9615 | 홈페이지 www.urikyoyuk.modoo.at

인문학을 마시는 시간

커피 한 잔을 마시는 동안
생각해 보는
나와 세상에 관한 이야기

이남석 지음

우리교육

커피를 통해 삶을 통찰하기

나는 전공을 살려 심리학 주제로 집필과 강연을 한다. 그리고 커피를 좋아해서 카페를 운영한다. 사람들은 카페 주인장인 내가 "부캐 놀이"를 하고 있다고 말한다. 세상에 그나마 더 많이 알려진 캐릭터가 작가 혹은 강사이니 그렇게 볼 수 있다. 하지만 일상을 보면 카페에서 주인장으로 보내는 시간이 훨씬 많다. 부가적 캐릭터가 아니라 주된 캐릭터가 카페 사장인 셈이다.

골목 안 숨어 있는 한옥을 찾아오는 손님을 응대하기 전까지는 집필에 매진하니 억지로 말하자면 작가로 보내는 시간이 많다고도 할 수 있다. 그러나 그 상황만 놓고 보면 카페 사장으로 시간을 보내다가 부가적 캐릭터인 작가로 시간을 때우는 것이라고도 할 수 있다.

하긴 적어도 이 책에서는 주된 캐릭터이니 부가적 캐릭터이니 나눌 것도 없다. 심리학 주제로 커피를 생각하면 커피를 거울삼아서 나 자신과 사람들의 심리를 다룰 것 천지니 말이다. 허영심, 자기애, 개성, 인간관계, 소비심리, 가치관, 슬픔, 기쁨, 이해, 오해, 적응, 부적응 등.

카페를 하면서 심리학에 관한 공부가 더 좋아졌다. 다양한 사람들이 와서 쉬면서 툭툭 나에게 건네는 말의 의미와 행동의 의도를 더 잘 알게 되었다. 심리학 공부를 더 하면서 카페 운영하는 게 더 좋아졌다. 내가 바꾸는 인테리어와 내가 건네는 말에 의해 사람들의 반응이 변하는 게 너무도 재미있고 보람차다. 작업실을 확장해서 작업실 유지비용도 벌고 사람도 만나면서 커피를 팔자며 영리를 목적으로 한 카페 사장답지 않게 순진한 생각으로 시작했을 때는 생각하지 못했던 성과다.

생각하지 못한 게 어디 그뿐이랴. 보통 카페 사장 하면 여유롭게 카페를 지키는 모습을 떠올린다. 그 뒤에서 재료를 준비하고 청소하고 더 나은 서비스를 실험하는 등 부지런히 움직이는 모습을 손님은 보지 못한다. 카페를 운영하기 전에 나도 그런 면을 고려하지 못했다. 솔직히 힘들 때도 있다. 그렇지만 카페를 유지하는 것은 실보다 득이 훨씬 크기 때문이다. 심리적인 이득!

이 책은 지난 5년간 카페를 직접 운영하면서 경험으로 얻은 커피를 중심으로 한 심리적 이득인 영감과 교훈과 통찰을 주로 담고 있다. 커피를 통해 내 삶에 대한 통찰과 다른 사람에 관한 생각이 많이 변한 것처럼, 이 책에 담긴 이야기를 통해, 여러분이 즐기는 커피를 통해 자신을 돌아보고 현재 세상을 더 자세히 살펴볼 수 있게 되기를 바란다.

〈우리교육〉에 연재했던 칼럼을 묶어 단행본으로 내면서 집필 목적을 더 선명하게 하기 위해 내용을 수정했다. 처음부터 끝까지 내내 남다른 파트너십을 발휘해 준 윤정현 편집장님께 고마움을 표하고 싶다.

차례

1부

내 삶으로 커피가 들어오다

1.

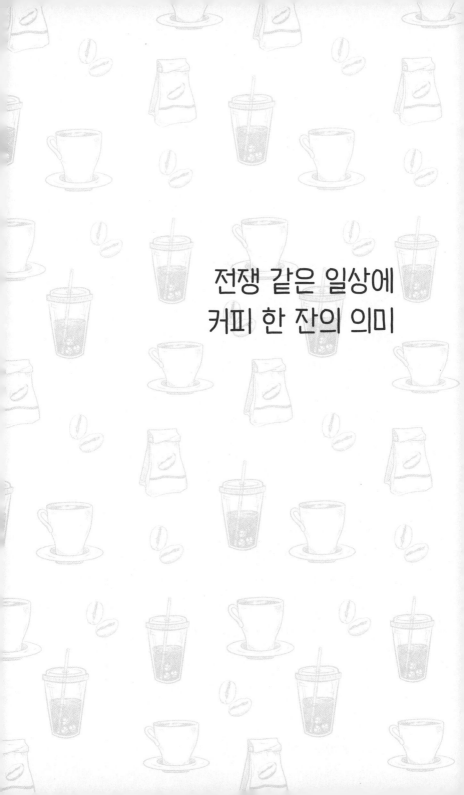

전쟁 같은 일상에
커피 한 잔의 의미

팍팍한 일상에 찾아드는 숨 한 모금

내가 이해한 바로는 삶의 조건을 꼼꼼하게 살피는 노력이 인문학이다. 삶의 조건을 꼼꼼하게 살펴보려는 과정에서 자신보다 더 꼼꼼하게 살펴본 학자와 현인 등 여러 사람의 생각을 참고하여, 그들의 지식을 때때로 활용할 뿐이다. 그러니 삶의 조건에 커피가 있다면 커피도 인문학적 사고의 대상이 될 수 있다.

내 삶의 조건을 인문학적 사고로 따져 보며 10여 년간 공저를 포함해 30여 권을 썼다. 하지만 커피에 관한 책은 이번이 처음이다. 그 이유는 간단하다. 십 년 전까지만 해도 내 삶에는 커피가 없었다. 카페인에 민감해서 커피를 피했다. 하지만 아내는 달랐다. 커피를 무척 좋아했다. 연애할 때도 대학로에 있던 샹파울로라고 하는 커피 전문 카페를 주로 찾았다. 1990년대 초반 생긴 쟈뎅과 도토루 등 커피 프랜차이즈도 즐겨 찾았다. 당시 나는 여자 친구가 커피 마시는 것을 간섭하지 않았다. 내가 주스 마시는 것을 여자 친구가 간섭하지 않았던 것처럼.

그런데 결혼하고 나서 사정이 달라졌다. 여자 친구가 아내가 되자 내 삶에도 커피가 들어왔다. 여기까지 읽으면 신혼부부가 멋지게 커피를 나눠 마시며 여유를 즐기는 낭만적 모습을 떠올리기 쉽다. 하지만 IMF 여파가 강하게 밀어닥친 이후 1998년 3월 1일에 결혼한 학생 부부에게는 그런 일이 일어나지 않았다.

나는 대학교 4학년 때 과외만으로도 제법 많은 돈을 벌 수 있을 것이라는 계산과 우울한 각자의 집에서 빨리 탈출하고 싶은 마음에 급하게 결혼했다. 결혼식장을 예약한 1997년 8월까지만 해도 행복의 나라로 탈출하는 계획은 성공할 것 같았다. 하지만 1997년 10월부터 주변 상황이 급격하게 나빠졌다. 환율이 치솟고, 기업은 도산하고, 개인은 파산하고, 급기야 12월 3일 정부는 국가 부도 위기라는 실패를 인정하고 IMF 구제 금융 신청을 선언했다. 나도 낙관적 탈출 계획의 실패 위기를 인정했어야 했지만 멈추지는 않았다.

혼수를 준비하던 무렵 믿었던 과외부터 없어졌다. 몇 년간 학원 강사로 자리를 잡았던 아내도 일자리를 잃었다. 새로운 일자리 자체를 얻을 수 없었다. 겨우겨우 학교에서 한 달에 30만 원 하는 아르바이트를 얻었다. 하지만 생활비는 턱없이 부족했다. 아내는 초저가 비디오 대여점에서 비디오테이프 정리하는 일을 잠시 하기도 했지만 그나마 점포가 곧 문을 닫아 돈을 벌 곳이 막혔다. 계획에도 없던 주택 전세금을 빼먹으면서 사는 처지가 되었다. 탈출은커녕 더 삼엄한 감옥에 갇힌 기분. 나는 모든 것을 아꼈다. 하지만 아내는 커피만큼은 포기하지 않았다. 송파구에서 버스를 타고 당시 숙명여대 근처에 생긴 로스터리 커피 전문점을 찾았다.

1997년 12월 'IMF 구제금융 요청'에 즈음해서 환율은 껑충 뛰어올랐다. 전량 수입되는 커피 원두의 가격도 치솟았다. 그러자 좀 싼 원두를 찾아 직접 로스팅해서 수지타산을 맞추는 카페가 생겨났다. 지금처럼 각종 스페셜티를 고급스럽게 내놓기 위한 선택이 아니었다. 이미 스타벅스 1호점이 1997년 이대에 생겼지만, IMF 직후 국내 로스터리 카페인 테라로사와 홀리스 등이 반전을 노리고 등장했다. 당시 창업자 중에는 IMF로 명예퇴직 당하거나 기존 사업 실패로 커피 업계에 들어온 경우가 많았다. 그들은 경제적 여유를 갖고 카페에 대한 로망으로 시작한 것이 아니기에, 가능한 한 더 싸게 생산해서 어떻게든 살아남아 기회를 만들자는 생각으로 운영했다.

내 아내가 찾은 카페도 그렇게 새로 만들어진 것 중 하나였다. 그 카페에서 아내는 자신의 불확실한 미래와 현실을 잠시 밀쳐놓고 커피를 마시고 상냥한 카페 사장과 이야기도 나누며 몇 시간을 보냈다. 그런 다음 집에 돌아오면 활기가 넘쳤다. 카페 주인을 통해 새롭게 알게 된 원두에 대한 지식을 내게 풀어놓을 때면 아내가 그렇게라도 숨통 트이는 시간을 가져서 다행이라고 하기보다는 참 철이 없다고 타박했다.

나는 커피가 더 싫어졌다. 그리고 커피를 마시는 아내도 싫어졌다. 세상은 지금 사느냐 죽느냐 전쟁터나 다름이 없는데 한가롭게 커피나 마시다니. 하지만 나중에 알게 되었다. 전쟁터일수록 커피가 더 필요하다는 사실을.

전쟁 같은 삶에는 커피!

미국의 남북전쟁은 커피가 승패를 갈랐다는 말이 있다. 남북전쟁이 발발하자 링컨 대통령은 남군 지역의 항구 봉쇄 명령을 내렸다. 그 결과 남부 연합 지역은 전쟁이 시작되고 1년 뒤인 1862년 커피 공급이 완전히 중단되었다. 미국이 영국으로부터 독립하는 계기가 된 사건인 보스턴 차 사건[1] 이후 홍차 대신 커피를 주로 마셨던 미국인들, 그중에서도 남부 연합군의 삶의 조건은 크게 달라졌다. 사람 목숨이 파리 목숨이 되는 전쟁터에서 그깟 커피가 무슨 대수냐고 생각할 수 있다. 하지만 이미 삶의 주요 요소로 커피를 마셨던 남부 연합군은 커피를 애타게 찾았다. 자신의 군용품을 북군에게 주면서 커피를 달라고 애걸할 정도였다.

한편 북군에게는 당시 전투 교범에 실렸던 것처럼 "커피는 체력, 기력의 근원"이라는 기치 아래 병사 한 명당 16kg의 원두가 제공되었고, 하루에 1.8l 이상의 커피를 마셨다. 심지어 전투를 벌이는 와중에도 커피 원두를 갈아 마시려고 총의 개머리판 아

---

1. 당시 영국 식민지였던 미국에서 상인들이 차(茶) 거래하는 것을 금지하고, 영국 동인도회사에 독점권을 부여하는 관세법을 만들자, 1773년 12월 16일 보스턴 주민들이 본국인 영국으로부터 차 수입을 거부하기 위해 일으킨 사건.

래 옆면에 그라인더를 달기도 했다. 이 총의 이름은 샤프스 라이플sharps rifle인데, 처음에는 장시간 각성 상태로 있으며 목표 대상을 찾아 경계해야 하는 저격병을 위한 것이었다. 하지만 곧 일반 보병에게도 '커피 마시며 싸우는 총'으로 인기를 끌며 보편화되었다.

커피를 마시며 싸우는 전통은 그 후에도 이어졌다. 1951년 한국의 남북전쟁, 즉 한국전쟁에도 인스턴트커피라는 이름의 커피가 처음 보급되었다. 인스턴트커피는 원래 1901년 뉴욕 버펄로에서 열린 "전 미국박람회"에서 처음 나왔다. 하지만 그 이름은 물에 쉽게 녹는다는 뜻으로 솔루블 커피soluble coffee라고 했다. 당시 이런 커피를 생산한 회사는 네슬레였고, 그 커피 이름이 지금도 많이 알려진 네스카페다. 제2차 세계대전이 길어지면서 군인에게 배급할 목적으로 1944년에 인스턴트커피의 일반 판매를 금지할 정도로 커피는 미군과 연합군의 주요 배급품이 되었다.

왜 전쟁에서 커피를 주요 보급 품목으로 만든 것일까? 군대 책임자 입장에서는 커피가 가진 '각성 효과'를 이용하고 싶었을 것이다. 군인이 각성하면 긴장을 늦추지 않고 임무를 잘 수행할 수 있으니까. 하지만 군인들로서도 원하는 효과가 각성뿐이었을까? 그렇다면 차라리 강력한 각성제를 필수품으로 만들어 달라고 군 책임자에게 요구하지 않았을까?

여기서 잠깐 생각해보자. 전쟁 같은 세상에 지친 아내가 버스를 타고 로스팅 커피 전문점을 찾아 얻고 싶었던 이유가 주어진 일을 더 잘하기 위한 각성 효과를 기대해서일까?

전쟁이나 IMF 같은 경제적 위기는 모두, 사람들에게는 커다란 스트레스다. 실제로 많은 사람이 그 스트레스를 못 이기고 극단적 선택을 하기도 했다. 그리고 어떤 사람은 그 스트레스를 견뎌내며 다른 삶을 살기도 했다.

유명한 심리 상담사인 로라 데이Laura Day의 《위기의 심리학》[2]을 보면, 사람들은 위기가 왔을 때 각기 다른 모습을 보인다. 우울 반응을 보이는 사람, 불안해서 어쩔 줄 모르는 사람, 계속 불만을 토로하며 화를 내는 사람, 위기를 인정하지 않고 부인하는 사람.

아내는 상황을 부인하는 유형이었다. 커피를 마시면서 타임머신을 탔다. 팍팍한 현실이 아닌 과거로 돌아가 연애 때처럼 달콤

2. 채인영 옮김, 허원미디어, 2009.

한 순간을 떠올렸다. 혹은 미래로 가서 이 모든 고통이 다 끝나고 여유롭게 커피를 마시는 순간을 떠올리기도 했다. 그 두 타임머신 여행 모두 위기에서 벗어난 듯한 위안을 안겨 줬다. 마치 남북전쟁 때 병사가 참호 안에서 커피를 마시며 전쟁 전 집에서 평화롭게 지내던 시간을 떠올리며 몸은 어쩔 수 없지만 잠시 마음의 자리를 바꿀 수 있었던 것처럼. 또는 전쟁 후 집으로 돌아가서 여유롭게 커피를 마시는 순간에 마음을 머물게 해서 죽음의 공포로 인한 긴장에서 멀어질 수 있었던 것처럼.

커피 한 잔으로 공포를 관리하다

위기가 닥쳤을 때 상황을 부인하는 반응은 일반적이다. 9·11 테러가 발생한 직후인 2001년 10월부터 12월까지, 미국인들은 앞으로 있을 테러 걱정으로 숨죽이거나 슬퍼하지만은 않았다. 사건이 일어나기 전보다 평균 6% 더 많이 쇼핑했다. 부시 대통령이 9·11테러에 대한 보복으로 아랍과 거대한 전쟁을 시작해서 불확실성이 더 커지려는 그 순간에 돈을 절약하며 미래를 대비하기보다는 오히려 더 많이 소비했다.

IMF 직후에 한국에서는 소비 심리가 위축되었다. 1997년 12월 8일 자 당시 외식경제신문은 "업계에 따르면 IMF 파장에 따라 최하 10%에서 최고 50%까지 패밀리 레스토랑 업소의 매출이 급추락하고 있어 업계를 불안하게 하고 있다."라고 보도했다.

3000에서 5000원대의 초저가 'IMF 메뉴' 등장과 단체급식과 저렴한 구내식당은 호황을 맞고 있다는 소식 이외에는 소비와 관련된 긍정적 기사를 찾을 수가 없다. 대신 금 모으기 운동에 나선 국민, 월차 반납도 모자라 연장근무를 자처하는 회사원들의 이야기가 신문 여기저기에 등장했다.

미국의 9·11테러 직후의 소비 지출 증가와는 사뭇 다른 풍경이다. 그도 그럴 것이 9·11테러가 '감히 침범당할 수 없는 강한 미국'이라는 신념을 무너뜨린 정신적인 충격이라면, IMF는 경제적인 충격이 정신으로 옮겨간 것이었기 때문이다. 충격을 부정하면서 짐짓 괜찮은 척 행동하고 싶어도 쓸 돈이 없었다. 하지만 1년 후에는 상황이 달라졌다. 아직 IMF의 수렁에 있던 1999년 10월 28일의 한국경제신문 기사 제목은 "IMF 기억 안 나요. 외식비용 급증/경조사비 펑펑"이었다.

몇 년간 계속되는 전쟁이나, 언제 터질지 모르는 테러, 끝을 알 수 없는 경제 불황 속에서 안정된 마음을 갖기는 힘들다. '어떻게든 살아남자!'는 메시지가 메아리치는 무서운 순간에 사람들은 죽음을 떠올리기 쉽다. '이러다가 나도 혹시 그렇게 사라지는 것은 아닌가' 하면서. 롤러코스터를 탈 때, 비행기 이착륙 때 슬쩍 생각해 보는 정도보다 훨씬 더 심각하고 강력하게.

초등학생 이상이 되면 인간은 언젠가 죽는다는 것을 안다. 하지만 그 죽음을 바로 자기 자신의 것으로 생각하는 사람은 많지 않다. 톨스토이의 소설 《이반 일리치의 죽음》의 주인공처럼. 판사로 성공한 삶을 살던 이반 일리치는 갑자기 원인 모를 병에 걸려 죽어 간다. 일리치는 계속 자라던 나무가 갑자기 댕강 잘리는 것 같은 기분을 느낀다. 하지만 죽음은 온전히 자신의 것일 뿐. 다른 사람들은 저마다의 삶을 찾느라 자신들도 죽으리라는 것을 잊고 산다. 예전에 일리치 자신이 그랬던 것처럼. 일리치는 무능력한 의사와 죽음 앞에서도 이해타산을 따지는 가족과 친구들에 분노와 절망을 느낀다. 하지만 결국 죽음을 어둠이 아닌 "빛"으로 인정하고 받아들이며 고통에서 벗어나 편안히 눈을 감는다.

현실에서는 일리치처럼 편안히 눈을 감는 사람보다는 끝까지 고통에 몸부림치는 사람이 더 많다. 그런 고통스러운 모습은 살아 있는 주변 사람에게도 공포다. 그래서 그 죽음의 공포를 그대로 인정하기보다는 나름대로 관리한다.

심리학자 제프 그린버그Jeff Greenberg, 셸던 솔로몬Sheldon Solomon, 톰 피진스키Tom A. Pyszczynski는 1986년 '공포 관리 이론terror management theory'을 발표했다. 이 이론은 1973년 미국 문화인류학자 어니스트 베커Ernest Becker가 출간한 《죽음의 부정》[3]에 바탕을 두고 있다. 책 제목에 '부정'이라는 말이 쓰였음을 잊지 말자.

공포 관리 이론은 종교, 예술, 지적 창조 활동, 정치적 헌신 등은 죽음과 관련된 두려움을 이기기 위한 목적에서 나왔다고 주장한다. 이런 활동을 하면 우리 육체는 죽더라도 그 가치는 사라지지 않아 계속 사는 것과 같은 효과를 거둘 수도 있다고 생각

---

3. 노승영 옮김, 한빛비즈, 2019.

하게 하기 때문이다.

육체가 죽는 것은 동물이나 사람이나 똑같다. 하지만 다른 사람들이 인정하는 멋진 활동을 한다면 동물적 존재에서 벗어나는 것과 같은 착각을 하게 한다. 심장에 총알이 박혀 죽는 것은 전쟁터의 인간이나 사냥터의 동물이나 똑같다. 하지만 사냥터에서 쫓기는 짐승처럼 식은땀 흘리며 헐떡대는 것이 아니라, 짐짓 여유롭게 커피를 마신다면? 동물 수준보다 높은 인간으로서 자신이 공포를 아주 잘 관리하는 것처럼 느끼게 된다.

거기서 더 나아가 별도 명령이 없는데도 다른 사람에게 커피를 타 주면서 공포로 가득한 분위기를 누그러뜨린다면? 더 관리를 잘하는 사람이 된다. 남북전쟁 중이던 1862년 9월 안티에탐 전투에서 당시 북군 오하이오 23연대 상사였던 윌리엄 매킨리는 전투 중에도 커피를 나눠 주는 기술이 탁월해서 훈장까지 받았다.

무공훈장은 아니었지만, 함께 싸운 전우들은 그의 인간적 존재감을 확실히 느꼈다. 그리고 그 상사는 후에 미국의 제25대 대통령이 되었다.

죽음의 공포에서 벗어나기 위해 선택하는 전략들

총탄에 의해 죽는 사람이 많은 전투, 비탄으로 죽음을 생각하는 사람이 많은 세상은 모두 똑같이 죽음의 공포를 불러일

으킨다. 어두운 죽음의 소용돌이로 빨려들 것 같은 순간에 가장 힘이 센 방어수단은 바로 현실 부정이고, 공포 관리 전략으로 '부정'을 활용하는 사람을 동경하는 사실을 지금까지 살펴봤다.

그런데 다른 전략도 있다. 자기 죽음을 막아줄 강한 힘을 가진 존재, 혹시나 자신이 죽더라도 자신의 의미는 사라지지 않는다고 말하는 존재에 의지하는 전략. 1990년대 말 대한민국은 IMF에 세기말적 혼란까지 겹쳐 당시 여러 광고와 방송 프로그램에서 강조한 것처럼 강한 국가에 대한 집착과 온 세상의 종말이 와도 선택받은 자들은 천국으로 간다는 사이비 종교의 위세가 대단했다.

마지막으로 아내가 선택했던 소비의 전략도 있다. 미주리대학의 제이미 아른트Jamie Arndt는 솔로몬 등 기존 공포 관리 이론 학자들과 협력해 소비와 공포 관리를 연결해서 연구했다. 그 결과, 소비가 인간의 죽음에 대한 두려움을 완화하는 역할을 할 수 있다는 사실을 알아냈다. 죽음에 대한 공포로 자기의 안전과 가치에 대한 확신이 흔들리면, 자신이 아직은 안전하고 나름의 가치가 있는 사람이라고 생각하기 위해 멋진 곳에 가서 멋진 것을 산다. 자기가 구매한 것을 보고 자기의 가치를 판단하고, 다른 사람에게 인정받고 싶어 한다. 스웨그swag 문화가 퍼지는 이유 중의 하나도 이것이다.

멋진 곳, 멋진 것에 대한 판단은 주관적이고 상대적이다. 앞에 언급한 IMF 이후 1999년 한 경제신문 기사 내용처럼 스트레스에 짓눌렸던 사람은 사회적 상황을 부정하고 면세점이나 백화점에 가서 명품을 사거나 대형 가전제품 구매에 점점 몰두했다. 월 소득이 30만 원인 가정의 아내는 소득의 1%인 거금 3000원을 투자해서 로스팅 커피를 마셨고, 그 순간만큼은 전세금을 빼먹고 있는 집안 사정을 잊을 수 있었다. 자신도 흉흉한 신문 기사의 주인공처럼 될지 모른다는 두려움에서 벗어나 위안을 얻었다.

한편 로스터리 카페를 차리고 한창 생존 전쟁을 치르는 사장도 아내를 만나 몇 시간 동안 커피 이야기하면서 위안을 얻었을 것이다. 전쟁터에서 남을 위해 커피를 타 주며 아프리카와 남미의 원두 특징에 대해서 여유 있게 말하는 자신의 모습을 보며, 사장은 자신이 공포를 잘 관리하고 있다는 사실을 확인했을지 모른다. 원가를 낮추고 마진을 높이기 위해 어떻게든 싸게 로스팅하는 현재의 자기에서 탈출해 재료비 걱정 없이 세계의 더 좋은 원두를 취급하는 미래의 자기를 미리 만나는 체험을 했을지도 모른다.

그런데 여기에 변수가 있다. 사회심리학자 토리 히긴스_{Tori Higgins}가 자기 차이 이론에서 지적했던 것처럼, 현재의 현실적 자기와 미래의 이상적 자기의 차이가 크면 우울을 느끼기 쉽다. 우울하니 더 현실을 부정하고 이상적 자기에 가까운 자기를 긍정하려고 한다. 하지만 전쟁터 같은 현실이 이상 세계의 여유로운 자기에서 벗어나 현실에서 버둥거리는 현실적 자기를 계속 깨닫게 한다.

지혜로운 철학자, 종교인, 심리학자들은 죽음, 공포, 두려움을 있는 그대로 받아들이려 해야 행복해진다고 입을 모아 말한다. 하지만 일상을 살아가는 일반인은 부정하고 회피하는 것으로 행복해지려 한다. 그리고 그때 커피도 한몫한다. 원래 긴장을 높이지 않고 집중하려고 선택한 유래를 비웃기라도 하듯이 정반대의 역할로.

본능에 따라 공포를 회피하는 전략도 제각각

전쟁터에서는 이성보다 본능의 영향력이 크다. 다큐멘터리와 영화에서 쉽게 확인할 수 있는 것처럼 평화로울 때는 고매한 인품을 보였던 사람, 현명한 판단력을 보였던 사람도 전쟁터에서는 본능에 휩싸인 행동을 보이기 쉽다. 먹을 것 앞에서 체면도 내던지고, 다른 사람에 대한 배려도 잊는다.

여기에서 따져볼 지점이 있다. 일상을 위기 연속의 전쟁터로 보는 사람은 본능에 더 많이 좌우될 수 있다는 것. 세상을 전쟁터로 보면 문명인으로서의 태도보다 21세기를 사는 원시인으로 행동하기 쉽다. 이렇게 보면 야만스러운 세상이 떠오른다.

그런데 여기에 또 변수가 있다. 본능은 다양하다는 것.

애리조나대학 교수이자 진화심리학자 더글러스 켄릭Douglas T. Kenrick에 의하면 인간은 자신을 보호하고 싶어 하는 안전 본능이 있다. 질병을 피하고 싶어 하는 건강 본능도 있다. 다른 사람과 힘을 합쳐서 문제를 해결하려는 협력 본능도 있다. 다른 사람과 특정 목표를 두고 다투어 자신이 먼저 쟁취하고자 하는 경쟁 본능도 있다. 밋밋함보다 강렬함을 선호하는 자극 추구 본능도 있다. 종족 보존과 연결하여 배우자를 찾는 짝 획득 본능도 있고, 배우자를 지키는 짝 유지 본능도 있다. 자신의 아이나 손주, 친척, 반려동물 등을 돌보는 친족 보살핌 본능도 있다. 이런 다양한 본능들이 각 상황을 제각각 주도하며 우리의 일상을 채운다는 게 진화심리학자들의 주장이다.

커피 마시기만 해도 그렇다. 직장에서 너무 힘들면 안전 본능이 더 자극받아 책상에서 빠져나와 탕비실이나 옥상, 건물 밖에서 혼자 달달한 커피를 마시며 심리적 안정감을 되찾으려 한다. 건강 본능이 강할 때는 달달한 커피보다는 좀 더 건강하다고 잘못 알려진 디카페인 커피를 찾거나 커피를 연하게 마시기도 한다. 협력 본능으로 프로젝트를 함께하는 동료를 위해 커피를 챙겨다 주며 말을 섞기도 하고, 경쟁 본능을 느끼는 대상에게는 커피를 주지 않고 어찌어찌 굳이 커피를 마시게 되더라도 함께 있는 시간을 최대한 짧게 하려고 한다. 때로는 바디감이 엄청 있는 커피를 마시기도 하고, 아주 달달한 커피를 마시기도 하면서 바삐 돌아가는 일상에서도 자극 추구 본능을 추구하기도 한다. 카페에서 커피를 마시며 짝 획득 본능을 추구하기도 하고, 함께 좋은 시간을 보내고 나서 여유롭게 커피를 나눠 마시며 짝 관계를 유지할 본능을 충족시키며 유대감을 더 강하게 만들기도 한다. 명절 때 친척들과 배부르게 식사하고 나서 커피를 마시고 이야기를 나누면서 친족 보살핌 본능을 충족시키기도 한다. 한 사람에게서 이렇게 다양한 본능이 발현되고 충족된다. 그리고 그 과정에 커피도 함께할 수 있다.

여기에 더 재미있는 점이 있다. 사람마다 본능의 비중은 다르다는 것이다. 짝 획득 본능이 강해 연인하고만 커피를 나누는 사람이 있고, 협력 본능이 강해서 두 손 가득히 커피를 자주 챙겨오는 사람도 있다. 커피를 어떻게 즐기는지를 물어보거나 잘 관찰하면 그 사람 마음속에 가장 많이 차지하는 본능을 볼 수 있다. 건강에 좋은 커피를 찾는 사람이 있다면 그 사람은 커피 말고도 다른 부분에서 건강 본능에 맞는 행동을 할 확률이 높다. 다른 사람이 타박해도 자기 반려동물에게 커피를 주는 사람은 건강 본능이나 협력 본능과 같은 게 아니라 친족 보살핌 본능이 크다. 노인 대상의 상조 보험 광고가 주목하는 것처럼. 그런 본능을 가진 사람을 설득해서 어떤 물건이나 서비스를 이용하도록 유도한다면 그 사람 자체가 아니라 친족을 움직이거나 친족에게 이득이 되는 부분을 강조하는 게 더 효과적일 것이다.

물론 커피가 본능의 원인은 아니지만, 커피 마시기는 본능의 결과다. 그래서 핵심 본능이 작용한 결과로 나타날 다른 행동도 예측할 수 있다. 이런 점은 자신을 이해하는 데도 도움이 된다. 추상적으로 자신이 어떤 사람이라고 추측하는 게 아니라, 자신의 커피 이용 패턴이 어떤지 돌아보면 자신의 핵심 본능이 무엇인지 알 수 있다.

불확실성이 많은 전쟁터 같은 현실이라면, 자신과 주변 사람에 대해서 꼼꼼하게 더 잘 아는 것부터 불확실성을 줄이는 게 더 마음 편해지는 지름길이 될 수 있지 않을까?

육체에서 마음으로, 커피 효과의 역습

커피는 회피가 아닌 다른 측면에서도 실제 좋은 효과가 있다. 미국 예일대 심리학자인 존 바John Bargh가 2000년대부터 꾸준히 이어온 체화된 인지embodied cognition 연구에 따르면 우리 몸에는 마음이 신체를 제어하는 일방통행식 처리 과정만 있는 것이 아니라, 신체 혹은 신체적 경험이 마음에 영향을 주기도 한다.

바는 아주 대중적인 생활 음료인 커피를 가지고 실험했다. 실험 참가자들에게 따뜻한 커피를 마시게 하고 상대방에 대한 인상 평가를 하게 하자 따뜻하고 긍정적으로 평가하는 경향이 커졌다. 반대로 차가운 커피를 마시면 상대방을 냉정하게 봐서 부정적으로 평가하는 경향이 높아졌다.

앉는 의자도 중요하다. 카페에 있는 것과 같은 포근한 소파에 앉으면 사물에 대한 평가가 포근해진다. 하지만 딱딱한 플라스틱 의자에 앉으면 평가도 딱딱해진다. 이 두 연구를 합친 결과 아내의 당시 행동 변화를 잘 이해할 수 있었다. 카페에 있는 소파에 앉아 따뜻한 커피를 마시고 나면 삶의 파트너인 남편을 부정적으로 보는 마음이 누그러졌을 것이다. 때로 너무 답답해서 마신 아이스커피에 속이 시원해지기도 했을 것이다. 이렇게 보니 부정적 회피가 아니라 긍정성을 극대화하는 심리 전략을 실행한 셈이었다.

20여 년 전에는 전혀 이해할 수 없었으나 시간이 지나면서 지금은 나 자신도 속을 다스릴 때 커피를 마신다. 외로우면 따뜻하게, 답답하면 시원하게, 우울하면 달콤하게. 내 신체적 감각 경험으로 마음을 바꾸는 전략을 실행했다. 아예 조그만 카페도 열었다. 그렇게 커피는 내 삶의 필수적 조건이 되었다.

직접 로스팅한 뜨거운 원두를 매만지며, 여전히 만만치 않은 세상의 차가운 면에 필요 이상으로 민감해지지 않으려고 노력하기도 한다. 산미가 확 도는 에티오피아 코케 허니 예가체프나 콜롬비아 후일라 원두를 내려 마시며 답답한 속을 청량하게 달래기도 한다. 마음이 좀 가볍게 흐른다 싶으면 일부러 묵직한 인도네시아 만데링을 천천히 마시며 중심을 잡으려 노력한다. 꼭 비싼 게 좋다는 생각으로 원두를 선택해 마시지 않고, 내 상태를 꼼꼼하게 따져 그에 맞는 커피 조합을 찾으려 한다.

개인적으로 커피를 즐길 뿐만 아니라, 어느덧 각자의 생활 속에서 갖가지 이유로 커피를 마시러 오는 사람들을 카페에서 맞이하고 있다. 그들에게 맞는 원두를 심리 처방처럼 은근슬쩍 건네고는 마시며 만족스러워하는 모습을 보며 보람을 느끼기도 한다. 어떻게든 살아남는 데 최선을 다해야 하는 전쟁터 같은 세상이지만, 현실이 싫고 미래가 두려워 선택하는 회피가 아닌 바로 이 순간에 집중하며 실제로 여유 있게 유익한 가치들을 나누는 시간을 가지려 노력하고 있다. 앞으로도 카페 속 여러 만남을 바탕으로 이야기를 계속 풀어가고 싶다. 따뜻하고, 시원하고, 달콤하게.

2.

커피 맛대로, 내 멋대로

커피를 제대로(?) 즐기는 방법

"커피를 어떻게 마셔야 잘 마시는 것일까요?"

커피 모임을 시작할 때면 자주 듣는 말이다. 일반 인문학 강연이 끝날 때도 진행자가 내가 카페를 운영한다고 소개한 것을 기억하고는 강연 주제가 아니라 커피 질문을 받기도 한다. 나의 답을 밝히기 전 이 질문에 대한 여러분의 답을 한번 생각해 보시기를. 정말 대체 어떻게 커피를 마셔야 잘 마시는 것일까?

넉넉지 않은 형편에도 하루 30잔 이상을 마셨고 바흐처럼 양부터 남달라야 잘 마시는 것일까? 아니면 바흐가 '커피 칸타타'를 작곡한 것처럼 커피에 영감을 받아서 자기 일을 잘해야 잘 마시는 것일까? 그도 아니면 커피 한 잔을 내릴 때 꼭 커피콩 60알만 사용해서 약 7g 정도로 늘 똑같은 맛을 추구하려 했던 베토벤처럼 엄격하게 자기 스타일을 고집하며 마셔야 잘 마시는 것일까?

힌트! 사실 어떻게 커피를 마셔야 잘 마시는 것일까 하는 질문은 대체 어떻게 외국 영화를 봐야 잘 보는 것일까, 대체 중국 요리를 어떻게 먹어야 잘 먹는 것일까, 김치는 어떻게 먹어야 잘 먹는 것일까, 비빔밥은 어떻게 먹어야 잘 먹는 것일까 등과 본질에서 공통되는 요소를 갖고 있다. 모두 다 답하기 힘든 질문일 수도 있지만, 자세히 살펴보면 그래도 더 쉽고 더 어려운 질문으로 나눌 수 있다.

이제 질문의 난이도를 가르는 기준을 더 자세히 살펴보자. 학창 시절 교과목 시험 문제가 그랬듯이, 난도는 내가 습득한 지식보다 더 깊이 있거나 더 많은 내용을 요구할 때 더 높아진다. 즉 자신이 아는 커피에 대한 지식보다 양과 질이 높은 지식이 필요할 때 어렵다고 여긴다. 만약 커피를 어떻게 마셔야 잘 마시는 것이냐는 질문보다 김치를 어떻게 먹어야 잘 먹는 것이냐는 질문에 대해 더 쉽게 대답할 수 있다면 지식의 양과 질이 다르기 때문이다.

다른 가능성도 있다. 기존에 정해진 지식이 아니라, 자신만의 경험과 선호도에 바탕을 둔 관점이 필요한 질문을 더 어렵게 느낀다. 객관적인 학습 내용에 대한 기억이 아니라, 주관적인 사고력에 의존해서 해결해야 하는 문제는 창의성 문제에 더 가깝다. 특정 음식은 어떻게 먹는 게 좋다는 관점을 지닌 사람은 지식의 양과 질이 다른 사람보다 많지 않아도 질문에 쉽게 대답한다. 어떤 사람이 자기 식성에 맞게 비빔밥을 척척 비벼 먹는 것은 비빔밥의 제조 과정, 유래, 지역별 재료 구성 차이 등에 대한 지식의 양과 질이 아니라 자기만의 경험을 바탕으로 한 선호도, 즉 관점이 있기 때문이다.

커피를 어떻게 마셔야 잘 마시는 것이냐는 질문에 대한 답도 두 가지로 나눌 수 있다. 지식에 의존하는 답과 관점에 의존하는 답!

지식에 의존하는 문제해결 스타일을 가진 사람은 커피에 대해서도 지식에 의존하려고 한다. 커피라고 하면 외국에서 유래한 것이니 제대로 즐기려면 조리법도 외국인의 것을 따라야 한다고 생각한다. 문제는 그 "외국"이 무엇이냐는 것이다.

먹자골목 식당들에 붙어 있는 "원조 설렁탕" 현수막처럼 소비자로서는 대체 무엇이 원조인지 헷갈린다. 한국인이 즐겨 마시는 아메리카노도 사실 미국인들이 제2차 세계대전에 참여해서 유럽에 갔을 때 이탈리아식 에스프레소가 너무 진해 물을 타서 마신 것이다. 커피로 유명한 이탈리아도 커피를 재배하는 나라가 아니다. 아프리카와 아시아 등에서 재배된 커피 원두를 수입해서 자기식대로 로스팅해서 조리할 뿐이다. 그런데도 당당하게 에스프레소, 카푸치노 등등의 커피를 이탈리아 음료라고 말한다. 우리가 조선 후기 고추를 수입한 후부터 벌겋게 만든 김치를 당당하게 우리의 고유한 음식의 기본형이라고 말하는 것처럼.

어떤 사람은 오스만튀르크 제국 시대에 커피를 마셨던 방식처럼 원두를 끓이기도 한다. 아예 모든 커피 품종의 원형인 에티오피아의 야생종을 돌판 위에 볶아서 바로 돌로 갈아 마시는 게 진짜 커피를 제대로 즐기는 방법이라고 말하는 사람도 있다.

선호도의 문제를 논하기 이전에, 지금은 흔히 마실 수 있는 맛이 아닌 원시적 맛을 뽑아내서 마시는 게 제대로 즐기는 것임을 강조한다. 이 방식으로 추출한 맛이 꼭 현대인 입맛에 맞지 않아도 된다. 오히려 맞지 않을수록 더 낯설어서 심오함을 느끼게 한다. 아주 오래된 원조인데 오히려 새롭게 느껴져서 더 신선한 충격을 주는 생경함 편향novelty bias이 일어난다는 게 재미있지 않은가. 그 생경함도 계속 마시다 보면 감각적으로는 점점 줄어들게된다. 하지만 인지적으로는 "이렇게 하는 게 제대로 즐기는 방법"이라는 신념이 있어 쉽게 포기하지 않는다. 현대에 사는 주변 사람들과 다르게, 아주 오래전 살다가 간 사람들에 더 가깝게 마시는 것이야말로 제대로 즐기는 방법이라고 생각한다. 이때의 "제대로"는 방법적으로는 "원조"와 통하면서도 심리적으로는 "특별하게"와 통하는 단어다. 지금 흔히 마시는 방법이 아니라 "특별하게" 커피를 즐기면 제대로 즐기는 것인데, 그 방법의 하나가 역사적으로 오래된 방법으로 마시는 것이 된다.

원조를 중시하면 처음 만든 것대로 마시는 게 가장 좋은 방법이다. 지금은 역사 속으로 사라진 처음 만들었던 방식을 찾아야하니 보통 수준의 양과 질의 지식으로는 해결되지 않는다. 역동적으로 변하는 현재의 선호도를 추구한다기보다 유물과 같이 정해진 과거의 선호도를 찾아 끊임없이 지적으로 접근한다. 이런사람은 혀와 코가 아닌, 뇌 전체로 커피를 탐닉한다.

그런데 역사적으로 원조의 원조가 아니라, 특정 커피 추출 방식의 원조대로 즐기는 것을 "제대로"라고 만족하는 견해도 있다. 예를 들어 19세기 중반처럼 사이편으로 가열해서 추출해서 마시는 것이 "제대로"라는 식이다. 이런 입장에는 원조에 대한 의견은 느슨해졌어도 여전히 다른 사람들이 잘 맛보지 못하는 맛을 "특별하게" 뽑아서 즐긴다는 심리가 여전히 강하게 남아 있다.

여기에서 의문이 생긴다. "특별하게"가 "남들과 다르게"라면 굳이 특정 국가의 것을 따라 하거나 특정 시대의 사람을 따라 할 필요가 있을까? 오래전 사람들이 즐긴 방식이든, 특정 국가의 사람들이 현재 즐기고 있는 방식이든 누군가와 비슷해지기 위해서 노력한다는 사실은 똑같으니 말이다. "제대로" 즐긴다는 게 "누구와 똑같이" 즐긴다는 뜻이라면, "특별하게" 개인의 개성을 추구한다고 말할 수 있을까? 자기 인지 범위에서 기존의 자신과 다른 것을 추구하는 것에 지나지 않으면서 자기 자신이 남들과 많이 다른 존재라고 확인하고 싶어서 자기 자신을 속이는 게 아닐까?

"특별함"은 나르시시즘의 가장 큰 특징이다. 나르시시즘은 진정한 자기 자신에 대한 사랑도 아니고, 건전한 개성이라는 가치 추구와도 거리가 멀다. 아주 주도적으로 새로운 것을 능동적으로 추구하는 것 같지만, 그저 주변의 관심과 인정을 바라는 수동성을 표출할 뿐이다.

"특별함"이 목적이 아니라 수단일 때에는 좋다. 장인은 특별한 방식으로 최종 결과물을 만들어 내고, 그 결과물도 특별하니 말이다. 최초로 사이펀으로 추출해서 그 맛을 나누던 사람들은 특별한 방식이 "맛있게 마시기 위한 목적"에 맞는 방법이었다. 그 전의 침전 추출 방식으로는 맛이 없었으니 말이다. 옛날에도 사이펀으로 추출한 것을 맛 없다고 느끼는 사람들이 또 다른 방법들을 만들어 냈다. 맛있게 마시기 위한 목적으로. 덕분에 현대는 커피를 맛있게 추출하는 다양한 방식이 있다. 원조로 마시는 게 단지 특별해 보이거나, 새롭기 때문이 아니라 진정 본인에게 맛있다면 무슨 문제가 있겠는가? 주관적 개성에 맞는 것인데 말이다.

선택 옵션이 많을수록 위축되는 자유

미국 연구원 생활을 하는 동안 나를 괴롭혔던 것은 점심 식사 시간이었다. 피츠버그대학 근처의 샌드위치 가게들을 주로 이용했는데, 채소와 과일, 치즈 등의 토핑이 20개 정도였다. 기본 채소 재료에서 무엇을 뺄 것인지, 소스는 무엇을 선택할 것인지, 후추와 소금 등을 어떻게 할 것인지 물어볼 때마다 곤혹스러웠다. 음식 재료 이름도 낯설고, 뭔가를 넣고 빼고 할 때의 맛의 조합이 무엇이 될지 상상조차 할 수 없었다. 줄 서면서 이번에는 어떤 조합으로 하자고 말하는 것을 연습하다가 막상 내 차례가 되면 뒷사람 눈치 보면서 그저 매일 "모두 다 조금씩 똑같은 비율로 넣어 줘요."라고 말하고 샌드위치를 받아왔다.

초반에는 그게 창피해서 지역 주민 창업자 이름을 딴 햄버거 집에 갈 때도 있었다. 그랬더니 감자를 어떤 종류로 어떻게 튀겨 줄까, 소금으로 간을 할 거냐, 후추로 할 거냐 등등 빨리 물어보는데 "모두 다 조금씩 넣어 줘요."라고 말할 수 없어서 정신이 아득해졌다. 답변 대신 "어떻게 먹는 게 제대로 즐기는 거예요?"라고 묻고 싶었다.

실제로 가장 잘 팔리는 메뉴를 추천해 달라고 해서 햄버거를 받았는데 맛있는 한 끼를 얻은 게 아니라, 내가 미국인 식성과 정말 다르다는 사실을 확인할 기회를 얻었을 뿐이었다. 다른 식당에 가서도 내 개성을 존중해 주려 하지 말고 그냥 알아서 적당한 것을 제안해 주기를 더 바라는 때가 많았다. 차라리 피츠버그 유명인의 이름을 따서 "앤드류 카네기 세트", "하인스 워드 세트" 등 그들의 입맛대로 정해진 게 있어서, 판단 기준으로 삼았으면 좋겠다고 생각했다.

특정 음식에 대한 지식과 특정 방식이 좋다는 관점이 없는 상태에서의 개성 추구의 자유는 가슴이 탁 트이는 만족감이 아니라 가슴이 턱턱 막히는 답답함을 준다는 사실을 온몸으로 체험하고 다시 한국으로 돌아왔다. 기름진 음식이 넘쳐나는 미국에서 앉아서 시간을 많이 보내는 연구원 생활을 했는데도 살이 쪽 빠진 내 모습을 보고 주변 사람들이 다이어트 비결을 물었다. 그때는 생각 없이 "맘고생 다이어트"라고 대답했지만, 지금 생각해 보니 다른 이유가 있었다.

기본 생활 조건인 의, 식, 주에서 '식'에 대한 스트레스가 가장 컸다. 어떤 음식을 어떻게 먹어야겠다는 나만의 관점을 갖지 못하고, 식당에 갈 때마다 쏟아지는 정보와 생경한 지식에 우왕좌왕했다. 선택의 폭이 자유롭고 클수록 선택 장애에 걸렸다. 그러다 줄 선 뒷사람 눈치를 보거나, 웨이터 눈치를 보며 서둘러 아무 대안이나 선택하고는 거의 우연에 가깝게 좋은 경험을 하기도 하고, 마음에 들지 않는 경험을 하기도 했다. 생각해 보니 먹는 것만이 아니라 다른 문제에 대해서도 그랬다.

새로운 도전을 하는데 세부 요소에 대한 기본 지식이 있고 완벽하지 않지만 특정 관점이라도 갖고 있으면 도전의 결과가 성공적이었을 경우 그 관점을 발전시키고 세부 지식도 늘릴 수 있다. 도전의 결과가 별로였으면 관점을 수정하고 기존과는 다른 지식을 추구할 필요성도 느끼게 되고, 구체적으로 다르게 실행해서 더 나은 결과를 얻거나 또 실패해서 또 다른 관점과 지식을 추구하게 된다. 결국 우연에 맡길 때와 다르게 경험을 통해 자신만의 관점과 지식을 형성해서 선택을 부담 없이 하게 된다.

지식이 풍부할수록 좋은 게 아니다. 기본 지식만 있으면 된다. 더 중요한 것은 문제해결 방향을 정하는 관점이다. 쉬나 아이엔가Sheena Iyengar의 연구처럼 단지 지식의 양과 질을 높이는 식으로 옵션을 많이 갖는 것은 판단에 대한 부담을 증가시키고 실행을 더디게 만든다.

여러분이 초콜릿을 사기 위해 대형마트를 방문한다고 가정해 보자. 6개 종류를 구비한 마트와 24개 종류를 구비한 마트 중 어느 곳을 선호할까? 아이엔가가 2000년에 같은 대형마트에서 격주로 진열만 바꿔서 실험한 결과 24종의 초콜릿을 구비했을 때 사람들이 매장 방문 선호도가 높았다. 옵션이 많을수록 더 자유로운 선택을 하게 될 것이라는 기대가 있었기 때문이었다.

하지만 기대와 결과는 달랐다. 막상 구매율은 6종만 진열한 경우에는 30%였지만, 24종 진열했을 때에는 3%만 구매했다. 즉 옵션이 적을수록 사람들은 원래 구매하고자 했던 목적에 맞게 행동했다. 사람들은 다수의 대안을 놓고 고민하느라 에너지가 소진되어 막상 시식을 더 하거나, 구매할 에너지가 남아 있지 않아, "에이, 모르겠다. 다음에 와서 사자."라며 선택을 미뤘다. 선택했던 3% 안에서도 막상 맛을 보게 했더니 6종 중에 하나를 고른 사람보다도 구매한 초콜릿의 맛을 낮게 평가했다. 선택하느라 스트레스를 받아서 맛을 제대로 느끼지 못한 것이다.

소수의 선택지를 제시하는 게 더 좋은 결과를 만드는 현상, 즉 다수의 선택지가 오히려 나쁜 결과를 만드는 현상을 놓고 아이엔가는 "선택 과부하 효과choice overload effect"라고 불렀다. 아이엔가는 대학생을 대상으로 한 글쓰기 과제로도 실험을 계속했다. 6개의 주제 중에 하나를 선택해서 글 쓰는 조건의 학생이, 24가지 중 하나를 선택해서 글 쓰는 조건의 학생보다 글쓰기 점수를 더 높게 받았다. 자유도가 더 클수록 선택을 놓고 정보처리하는 데 부담이 커서 막상 본 과제에 쏟을 에너지가 그만큼 낭비되었기 때문이다.

아이엔가는 중매와 여러 사람을 만나는 자유로운 연애의 결혼 만족도에 대해서도 중매가 더 나은 이유를 비슷한 선택 과부하 효과로 설명했다. 선택할 대안이 많다는 것은 어느 한 대안을 선택할 때 정보처리의 스트레스와 선택한 다음에 후회할 정보 요소도 그만큼 많다는 뜻이다. 어떤 사람이 꼼꼼한 성격이라서 선택했는데, 막상 살아보니 너무 예민할 때가 있어 스트레스를 받으면 느긋했던 다른 사람이 떠오르고, 몸이 허약해서 아쉬울 때면 건강이 월등히 좋았던 연애 상대가 떠오르는 등 후회할 요소가 더 많다. 중매는 선택의 자유도가 없어 더 불만이 있을 수 있고 연애는 자신이 선택해서 더 만족도가 높다는 예상과는 사뭇 다른 연구 결과였다.

현재 행동경제학자들은 진로 등 인생의 다양한 문제들에 대해 선택 과부하 효과를 적용하고 있다. 아직 커피에 관한 연구는 없지만 추론은 가능하다. 다양한 커피 음용 방법을 놓고 가장 맛있게 먹는 방법을 고민한다면 맛이 없을 확률이 더 높다는 것. 일단 소수의 대안이라도 제시되었을 때 하나의 방법이라도 실행해서 자신의 선호에 맞는지 확인하는 게 더 좋다는 것이다.

물론 특정한 선호를 기존에 갖고 있다면 다양한 옵션이 부담되지 않는다. 그저 자기가 선호하는 것을 선택하면 되니까. 민트초콜릿을 선호하는 사람은 다른 초콜릿에 스트레스를 덜 받는다. 특정 글쓰기 주제를 애초에 선호했던 사람은 예시 종류가 더 늘어나도 영향을 덜 받는다. 배우자로서의 이상형이 확실한 사람이라면 연애 상대의 숫자에 민감하지 않다. 내가 샌드위치에 대해 특정한 선호가 있었다면 채소 종류 스무 가지에 압도되지 않고 토마토와 순무만 골랐어도 만족했을 것이다. 만족하지 못했다면 더 만족할 수 있는 조합이라 생각하는 것을 선택해서 확인하려 했을 것이다.

가장 만족할 수 있는 최고의 선택을 해야만 한다는 기대가 스트레스로 변하게 놔두지 않고, 이번에는 기존 선호도대로 한번 해 볼까 하면서 도전하고 결과가 안 좋으면 조금 더 수정해서 선택하는 식으로 나아가야 한다는 생각을 가졌어야 했다. 더 좋을지도 모르는 수많은 정보에 압도되어 우왕좌왕하는 게 아니라, 내가 선택할 수 있는 범위 안에서 통제력을 발휘해 만족할 길을 찾아 시행착오를 겪으며 만족감이 높아졌을 것이다.

결국 옵션 선택권을 많이 갖는 게 아니라, 자기가 선호하는 것을 확실히 알고 있는 게 더 중요하다. 선호는 경험으로 확인할 수 있다. 본인이 짠맛을 좋아하는지는 몇백 년 전 역사적 사실을 확인하거나, 트렌드 조사를 할 필요가 없다. 일단 해당 맛을 선택해서 확인해 보면 된다. 실패하기 싫다며 모든 것이 적당히 들어간 형태로 경험하는 게 아니라 자신의 선호를 찾아 명확히 도전하는 게 필요하다. 선택한다는 것은 그 순간 다른 것은 포기하는 것임을 이해하고 좀 더 과감하게 새로운 경험에 도전할 수 있다. 경험을 꼼꼼하게 살피면 자신이 더 즐길 요소가 나온다. 누군가 잘 즐긴 것을 따라 하더라도 결국 내가 그것을 얼마나 잘 즐겼느냐를 확인하면 더 따라가야 할지, 멈추고 다른 것을 추구해야 할지가 보인다. 다양성이 목적이 아니라, 자기에게 맞느냐가 더 중요하다.

개성은 결국 "남과 다르다"만의 문제가 아니라, 얼마나 "나다운가"의 문제다. 나다운 관점. 나답게 뭔가를 즐기는데 그게 남들과 비슷할 수도 있다. 그래도 개성 있는 것이다. 남들과 상당히 다르지만 나답지 않다면 그것은 개성이 있는 게 아니라, 개성을 찾지 못하고 방황하는 것이다. 남들과 상당히 다르지만 그게 사회적으로 인정받지 못하는 가치라면 그것은 개성 있는 게 아니라, 일탈에 가깝다. 개성 추구는 사회적 범위를 뛰어넘는 개인적 자아의 폭주를 의미하지 않는다.

인간에게는 개인적 자아와 사회적 자아가 있다. 두 자아가 만족하는 선택을 할 때 우리는 비로소 만족한다. 회사에서 개인적 자아만 만족할 수 있게 응석을 부린다면, 사회적 자아가 만족할 수 없는 주변의 평가를 받는 게 현실이다. 개인적 자아가 만족하게 카페에서 갑질하면서 커피를 마시면, 사회적 자아가 불편하게 처벌받는 것도 현실이다. 자아를 드러내는 개성이라고 말할 때는 개인적 자아와 사회적 자아에 맞는 성향을 드러낸다는 뜻이 있다.

커피를 개성 있게 마신다고 할 때도 자신의 개인적 자아와 사회적 자아를 모두 고려해야 한다. 의미 있는 가치 소비로서의 미닝 아웃meaning out이 트렌드가 된 것도 일상의 개인적 소비가 갖는 사회적 의미를 개개인이 깨닫게 되었기 때문이다. 커피 소비도 다르지 않다. 어떤 커피를 어떻게 소비하느냐가 자신의 자아를 드러낸다. 나르시시스트로서의 자아, 탐험가에 가까운 자아, 건실한 시민으로서의 자아 등등.

여러분은 커피를 통해서 어떤 자아를 드러내고 있는가? 일단 드러내고 있다면 잘 즐기고 있는 것이다. 어떤 것이 가장 좋을지 고민하느라 잘 드러내지 못하고 있다면 잘 즐기지 못하는 것이다. 일단 드러내야 개인적으로나 사회적으로 시행착오를 겪으면서 더 잘 즐기는 쪽으로 수정도 할 수 있으니까. 더 좋은 방법을 찾아 더 많은 대안을 모으며 고민하지 말고 일단 실행해 보자.

인생의 중요한 문제든 커피든.

원조에 집착했다면 커피 종류가 다양해졌을까?

개개인의 개성은 그렇다고 하고, 한국인의 특성에 맞는 커피는 무엇일까? 이탈리아라고 하면 에스프레소와 카푸치노 등 진하고 걸쭉하게 마시는 커피가 떠오르는 것처럼 말이다.

어떤 사람은 당당하게 '커피믹스'가 대한민국이 세계 최초로 만든 것이니 그게 한국의 커피라고 말한다. 그렇게 따지면 일본은 1965년 지금과 같이 가게에서 판매하는 형태의 캔 커피를 최초로 만들었으니 일본의 커피는 캔 커피가 되어야 할 것이다. 캔 커피로 따지면 미국의 케일럽 체이스Caleb Chase와 제임스 샌 본James Sanbon이 1878년 설립한 회사에서 최초로 밀봉된 캔에 커피를 담았으니 현재 주류가 무엇이냐를 따지지 않고 원조 논쟁으로 미국의 커피를 캔 커피라고 해야 할지도 모른다. 아니면 1901년 일본계 미국인 과학자 가토 사토리가 인스턴트커피를 발명했으니 미국의 커피는 아메리카노가 아니라 인스턴트커피가 되어야 할까? 아니면 스위스에 본사가 있는 네슬레가 인스턴트커피를 처음 대량 생산체제로 만들었으니 스위스의 커피는 인스턴트커피라고 해야 할까? 원조를 놓고 커피를 논하는 게 정말 커피문화에 맞는 것일까?

이렇게 말하면 커피의 기술적인 부분만 고려한 것이다. 문화적인 것을 포함한 느낌이 나지 않는다. 에스프레소에 물을 타서 만든 아메리카노를 한국에서도 그대로 제조한 것처럼 커피믹스를 문화로 인정해서 다른 나라에서도 따른다면 모를까. 한 예로 말레이시아의 알리카페 클래식은 커피 이외에 말레이시아산 인삼과 올리고당이 첨가되어 있고, 영국의 리틀스는 설탕을 비롯해 그 어떤 첨가물도 넣지 않는다. 그나마 인도네시아의 굿데이 커피가 한국의 커피믹스 맛에 가장 가깝다.

한국 고유의 커피를 생각하기 전에 다른 나라에서 저마다 문화적으로 바꿔 즐기는 커피는 무엇인지 살펴보자.

독일, 덴마크, 핀란드 등 비교적 북쪽에 있는 유럽 국가는 커피를 재배할 수 없는 지역이다. 대신 로스팅으로 자신들의 입맛에 맞는 커피를 만들었다. 그들은 뜨거운 물을 많이 부어 양이 많고 부드러운 커피를 선호해서 로스팅을 연하게 한다. 그래서 강하게 볶은 스타벅스 커피를 그다지 좋아하지 않는다. 얼핏 모두 비슷한 커피를 좋아하는 것 같지만 자세히 살펴보면 취향이 전혀 다르다.

독일은 커피에 럼주와 각설탕, 휘핑크림을 넣은 파리제Pharisear를 만들었다. 덴마크는 산뜻한 산미와 과일 향을 감돌게 해서 과장하자면 주스에 더 가까운 맛이 나도록 한 블랙커피를 음료처럼 수시로 마신다. 오스트리아는 달걀노른자, 각설탕, 휘핑크림을 넣어 만든 비너 멜랑쉬Wiener Melange를 만들었다. 특이하게도 오스트리아 빈에는 비엔나커피가 없다. 비엔나커피에 가까운 개념의 아인슈페너Einspanner가 있을 뿐이다. '말 한 필이 끄는 마차'라는 뜻인 단어에서 알 수 있듯이 마부들이 커피가 쏟아지지 않게 하려고 휘핑크림을 위에 얹었던 것에서 유래한 것은 맞다. 지금으로 말하자면 테이크아웃 용 커피를 개발한 것이다.

유럽 남쪽에 있는 이탈리아는 기질적으로 강렬하고 진한 커피를 선호한다. 그래서 에스프레소 커피를 개발했고, 에스프레소에 최적화된 강한 로스팅 방식을 선택했다. 일리illy, 라바차Lavazza 등 이탈리아 커피 회사의 원두가 검정에 가까운 짙은 갈색을 띠는 것도 바로 이 때문이다. 이탈리아에서는 주로 에스프레소를 즐긴다. 하지만 모든 커피 음료를 에스프레소를 바탕으로 우유나 우유 거품을 더하고 첨가물을 더 넣는 정도를 다르게 해서 라떼latte, 카푸치노cappuccino, 마로치노marocchino를 만들었고, 레몬 한 조각을 넣는 카페 로마노cafe romano를 만들기도 했다.

스페인은 에스프레소와 연유를 1대 1 비율로 넣은 카페 봉봉cafe bonbon과, 꿀과 시나몬과 데운 우유를 넣어서 만든 카페 꼰 미엘cafe con miel을 만들었다. 이 커피는 단맛이 강하다. 단맛을 좋아하니 로스팅할 때도 설탕물을 뿌려서 로스팅한 원두 20%를 넣어서 생두와 함께 다시 볶는 메스끌라 블랜드 방식도 만들었다.

스페인과 문화적으로 아주 가까운 포르투갈이지만 커피는 전혀 다르다. 포르투갈은 거품 낸 우유와 에스프레소를 각각 3대 1로 넣어 만든 갈라오Galao를 만들었다. 그리고 레몬주스와 얼음물을 커피와 섞어 마시는 마자그란Mazagran도 개발했다. 상쾌한 마자그란은 한국인 입맛에도 맞는 편이다.

프랑스는 자신의 입맛에 맞게 커피와 우유를 섞은 카페오레

café au lait를 최초로 만들었다. 카페오레의 기원에는 역사적 사건이 작용했다. 나폴레옹은 커피를 아주 좋아했다. 하지만 정치적으로 영국의 위세를 꺾을 생각에 대륙봉쇄령을 내려 교역을 중단했다. 영국을 통해 유입되던 커피도 자연스럽게 동났다. 이미 프랑스인들은 커피에 익숙해져 있던 상태라 문제가 되었다. 이때 나폴레옹이 내놓은 카드가 바로 치커리였다. 치커리 뿌리를 말린 가루를 우려서 커피처럼 만들었다. 현대에 임산부 등을 위해 밀이나 보리를 태워 만든 커피처럼, 치커리는 커피와 색깔만 비슷할 뿐 만들어지는 음료의 맛과 향은 커피를 따라갈 수 없었다. 하지만 미식의 나라 프랑스 사람들도 치커리 커피에 익숙해졌다. 오죽하면 대륙봉쇄령이 철회되어 진짜 커피가 유입되었어도 치커리 커피를 찾을 정도였다. 진짜 커피가 들어오자 강한 커피 향과 맛을 오히려 낯설게 느낀 프랑스인들은 우유를 듬뿍 넣었다. 그렇게 카페오레가 탄생했다.

브라질에서는 '작은 커피'라는 뜻의 카페징요Cafezinho를 주로 마신다. 냄비에 물과 설탕을 넣고 끓이면 커피 가루를 넣고 잘 저은 다음 천으로 된 필터나 종이 필터로 걸러서 더블 에스프레소 잔에 부어 마신다.

일본은 에스프레소보다는 드립 커피를 더 선호한다. 그런데 서양과 한국이 주로 케냐 키암부, 인도네시아 만데링 등 원두 원산지가 단일한 커피를 핸드 드립으로 추출해서 마시는 것을 선호하는 것에 비해, 일본은 카페 주인이 자기 색깔로 원두를 혼합하여 내린 것을 더 가치 있다고 생각한다. 카페에 붙어 있는 '고히

다케노텐'이라는 말은 카페에서는 자신이 혼합한 커피만 드립으로 내려 준다는 뜻으로 쓰는 경우가 많다.

다양한 커피 문화가 삶의 스펙트럼으로

이렇게 각 나라는 저마다 다른 커피 문화를 갖고 있다. 그렇다면 한국의 커피 문화는 무엇인가? 참숯으로 로스팅해서 향을 내는 경우도 있고, 커피 막걸리인 '막걸리카노'를 만들기도 했지만, 이것을 한국의 독특한 커피 문화라고 하기는 어렵다. 한국에서는 커피믹스를 많이 먹는다. 오래전부터.

동서식품은 이른바 다방 커피의 황금비율인 커피 한 스푼에 설탕 세 스푼, 크림 두 스푼을 따라서 1976년 세계 최초로 커피믹스를 개발했다. 그 이후 배합이 달라지고 설탕 조절 기능을 넣는 등 다양한 변화가 있었지만 커피믹스의 인기는 여전하다. 가격이 저렴한 탓도 있지만, 커피를 마시고 싶을 때 기다릴 필요가 거의 없는 특성 때문에 인기를 끌고 있다. 특히 외국인이 가장 먼저 배우는 말 중에 하나라는 "빨리빨리" 문화가 작용한 탓일 수 있다. 커피믹스는 '커피는 향으로 먼저 마시고 후에 맛까지 느끼는 식품'인 특성이 잘 살지 못한다. 무엇보다도 좋은 품질의 커피라고 말하기 힘들어서 건강에 해롭다.

커피 품질의 가장 큰 요인은 커피 원두다. 그런데 커피믹스는 가격이 싸야 해서 보통 더 쓰고, 거친 맛이 나서 고급 커피에는 쓰이지 않는 로부스타를 사용할 때가 많다. 특히 로부스타를 쓰지 않고 아프리카 계열의 원두를 쓴다고 해도 수확 후 1년이 지나 향취가 사라져 대폭 할인된 가격으로 회사가 대량 구매해서 재료로 사용하기도 한다.

무엇보다 대부분 커피믹스에 들어가는 크림이 문제다. 크림은 우유가 아니다. 무지방 우유를 넣었다고 광고하는 제품도 우유를 아주 조금 섞었을 뿐이다. 우유 맛을 내는 성분은 식물성 경화유지가 주원료인 식물성 크림이다. 식물성 경화유지는 식물성 기름을 쇼트닝 같은 고체로 만든 포화지방산이다. 포화지방산을 많이 먹으면 혈중 콜레스테롤 농도가 높아져 지방간, 동맥경화 등 심혈관계 질환을 일으킬 수 있다.

커피믹스 12g 한 봉에는 설탕 5~6g이 들어 있다. 하루에 여러 잔을 마시는 사람이라면 믹스에 들어 있는 설탕을 다 넣지 않고 먹어야 당에 의한 각종 성인병에 걸릴 확률이 줄어든다. 커피믹스에는 원두커피의 향을 더 내기 위해 합성 커피 향을 쓴 것도 있으니 조심해야 한다. 커피믹스가 일반화되어 있다고 해서 그것을 변화시키지 않고 그대로 받아들일 이유는 없다. 건강에 좋아 세계인에게도 자랑스럽게 권할 수 있는 독특한 커피 문화를 찾아야 한다.

흔히 1896년 아관파천 당시 고종이 한국 최초로 커피를 마셨다고 알고 있다. 1885년,《내 기억 속의 조선, 조선 사람들》[4]을 쓴

---

4. 조경철 옮김, 예담, 2001.

미국 천문학자 퍼시벌 로웰Percival Lowell은 그의 책 180쪽에 1884년 1월 한강 변에서 커피를 대접받은 사연을 기록해 놓았다. 최초 의료 선교사이자 어의가 된 호러스 알렌Horace Newton Allen은 1908년 쓴 《things korean》이라는 책에서 1884년에는 경복궁에서 커피가 제공되었다고 밝히기도 했다. 커피는 분명 귀한 물품이었지만 19세기 말에 궁궐과 일반인이 마셨던 것으로 추측할 수 있다.

1930년대 커피 전단에 '가정에서 즐기는 커피, 맥스웰'이라고 실려 있다. 비슷한 시기 조선인삼원에서는 커피를 섞은 인삼 커피를 팔기도 했다. 이것은 한국인도 초기부터 거부감 없이 받아들일 정도로 커피에 빠지기 시작했고 나름대로 한국화시키려 노력했다는 사실을 말해 준다. 지금 우리는 커피를 우리 삶의 조건에 맞게 바꾸기 위해 어떤 노력을 하고 있는가 생각해 볼 필요가 있다.

유럽식 카페에 가서 유럽인이 마시는 것을 그대로 따라 즐기는 것도 재미있다. 하지만 외국인들이 접하지 못하는 것을 우리만 특별히 누리는 즐거움도 있을 것이다. 그리고 그 즐거움을 문화자원으로 나눌 수도 있다. 외국인이 한국에 관광하러 왔을 때 우리가 자랑하던 빌딩보다는 거리의 뒷골목과 궁궐 등 독특한 문화에 재미를 느끼도록 하는 것처럼, 외국의 농산물을 받아들여 한국 고유의 김치 문화를 만들어 낸 것처럼 커피 문화를 만든다면 그것도 하나의 큰 문화자원이 될 수 있다.

개인적으로는 카페를 차리고 로스팅 방법과 조리법을 바꿔가면서 새로운 커피 음료 만들기를 하고 있다. 하지만 더 많은 커피 애호가와 로스팅 전문가, 바리스타들이 우리의 커피 문화 만들기에 신경을 쓰며 힘을 합친다면 새로운 문화를 만들어 행복하게 나누는 일이 수월해지지 않을까.

굳이 커피 갖고 그럴 필요가 있나 할 수도 있다. 우리 고유의 것을 발굴해서 할 것도 많은데 말이다. 하지만 이미 세계인이 공유하는 문화를 우리가 문화적 역량을 발휘해서 더 발전시킨다면 우리가 어떤 사람인지를 더 쉽고 강렬하게 인식시킬 수 있지 않을까? 무엇보다도 우리 자신이 쉽게 느낄 수 있지 않을까? 문화적 자긍심 배양 교육의 취지가 이것과 다를까?

유전자 검사 결과 전 세계 원두는 에티오피아에서 나온 것으로 밝혀졌다. 원두도 각 지역에 퍼져 적응하며 토착화되어 각기 다른 풍미를 갖게 되었다. 앞서 살펴본 것처럼 세계 각 나라는 각기 다른 커피 문화를 갖고 있다.

우리도 우리 나름의 커피 문화를 만들어 보자. 한국의 K-POP이 원조 국악에 가깝거나 원조 팝 음악이라고 할 수 있는 영국과 미국 등의 음악과 비슷해서 더 인정받는 게 아니다. 원조 논쟁보다는 현재 가치 있는 것을 고민하면서 나름의 가치관에 맞는 개성을 추구하기 때문에 인정받는 것이 아닐까? 국악을 활용하고 말고, 외국 음악을 벤치마킹하고 말고는 그다음 문제다. 남과 다르거나 원조처럼 되느냐는 목적이 아닌 결과다. 목적은 자신의 가치관과 관점에 맞는 실행이다.

무엇보다 K-POP을 즐기는 사람들이 특정 방식으로 즐기는 것을 고집하지 않고 다양한 가능성을 열고 즐기고 있기에 성공하는 게 아닐까? 역동적인 변화의 이미지가 강한 한국에도 걸맞고 말이다.

커피도 한국 사회의 구성원이 자유롭게 즐기다 보면 시행착오를 거치면서 한국 문화에 맞는 방식으로 수렴되는 한편, 저마다 가치관에서 동의할 수 있는 좋은 관점이 역동적으로 공유되고 그게 우리 커피 문화가 되지 않을까? 개인적으로 즐기면 그만이라는 게 아니라 시대에 맞는 가치관으로 관점을 갖고 검토하면서 환경에 피해를 주거나 다른 사람을 착취하는 사람이 만드는 커피는 피하는 것으로도 좋은 문화를 만들 수 있지 않을까? 최초의 형태가 어디서 발생한 무엇이니 하는 고민이나 자격지심에 휩싸이기보다 현재에 가장 맞는 커피 문화를 선도하는 도전 의식이 더 생기지 않을까?

결국 이 장의 질문에 대한 답은 다음과 같다. 답이라기보다는 여러분 나름의 가치관에 따라 역동적인 변화를 촉진하는 질문에 더 가깝지만 말이다.

"커피는 일단 자신의 마음 가는 대로 마시면서, 객관적으로도 좋은 것은 더 좋게 함께 나누어 마시고 나쁜 것은 피해 가려 노력하는 게 제대로 즐기며 마시는 것이다. 즉 개인적 자아와 사회적 자아가 함께 만족할 만한 것을 찾고 다른 사람과 나누며 더 나은 것을 찾는 게 제대로 즐기며 마시는 방법이 아닐까?"

아, 이렇게 말하고 보니 "커피"라는 단어를 다른 것으로 바꿔도 좋겠다 싶다. "삶"이어도 좋다. 자기 나름대로 마음 가는 대로 살면서, 좋은 것은 나누고 나쁜 것은 함께 힘을 합쳐 피해 가려 하는 것도 삶을 즐기며 사는 자세일 수 있다는 생각이 든다. 삶의 조건 중에 커피가 있다면 그리 이상한 일이 아니다. 가장 제어하기 쉬운 사소한 것 중의 하나가 커피이니 자신의 삶을 제대로 즐기기 위해 자기다운 커피 음용법을 찾기를 권하고 싶다.

3.

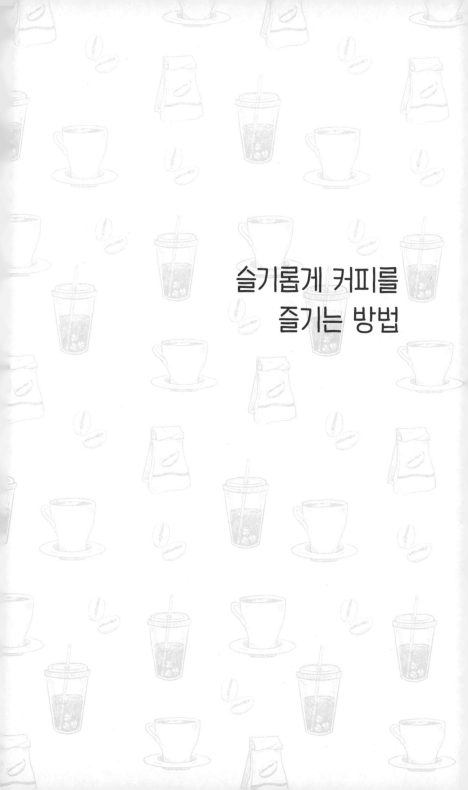

슬기롭게 커피를
즐기는 방법

커피, 몸에 해로울까 이로울까

커피를 맘껏 즐기려 할 때 심리적으로 부담되는 것은 바로 건강이다. 언론에 간간이 소개되는 뉴스를 보면 어떤 때는 커피가 건강에 이롭다고 하고, 어떤 때는 건강에 해롭다고 말한다. 특히 어렸을 때 커피를 마시면 골밀도를 줄이고 성장을 저해한다는 말에 아이에게 커피를 못 마시게 하는 이도 적지 않다.

참고로 커피에만 카페인이 있는 것은 아니다. 콜라와 에너지 드링크에도 카페인이 들어 있다. 만약 카페인 때문에 커피를 피하는 것이라면 아이에게는 콜라와 에너지 드링크, 카페인 함유 껌이나 와플 시럽 등을 주지 말아야 한다.

커피를 즐기기 위해서는 과연 커피가 몸과 마음의 건강에 얼마나 도움이 되는지, 아니면 해로운지 종합적으로 살펴볼 필요가 있다. 우선 커피가 골밀도와 성장을 저해한다는 말부터 따져보자. 널리 퍼져 있는 말이지만 과학적 실험을 통해 일관되게 증명된 바는 없다. 연구자마다 연구 결과가 달라 결론이 날 때까지 지켜봐야 하는 상황이다.

그렇다면 커피가 수면을 저해한다는 말은 사실일까? 이것은 과학적 실험이나 일상 경험으로도 쉽게 확인할 수 있다. 커피를 많이 마시면 카페인 때문에 수면에 방해를 받는다. 한번 섭취한 카페인은 꽤 오랜 시간 몸에 남아 있게 된다. 이 각성 효과가 좋아서 커피를 마시는 사람이 많다.

아침 8시에 커피를 마셨다면, 그 속에 든 카페인의 25%는 오후 8시에도 몸 안에 남아 있다. 만약 저녁 8시에 커피를 마신다면? 한참 숙면에 빠져야 할 시간에도 카페인의 영향력이 발휘되는 셈이다. 잠들기 6시간 전에 섭취된 카페인은 적어도 수면 시간을 1시간 가까이 줄인다는 연구 결과도 있다.

사람은 잠을 깊이 자야 신진대사를 활발하게 하는 에너지가 충전되고, 정신적인 스트레스도 줄어든다. 커피를 좋아하면서도 건강을 지키려면 수면 시간과 가급적 먼 시간에 커피를 마시면 된다.

이쯤에서 의문이 생긴다. 아예 커피를 마시지 않으면 수면의 질이 훨씬 좋아져서 더 건강하게 오래 살지 않을까? 그렇지는 않다.

미국 국립 암연구소는 1995년 당시 특별한 중증질환이 없는 50~71세 인구 40만 명을 대상으로 역학 조사를 했다. 2008년에는 전체 인원 중 약 5만 명이 사망했는데, 조사 결과 하루에 커피를 두세 잔씩 꾸준히 마신 남성은 10% 높은 생존율을 보인 것으로 나타났으며, 여성은 13%가 더 살아남은 것으로 밝혀졌다. 이 연구 결과를 보면 적어도 큰 병 없이 원래부터 건강한 편이었던 사람은 커피를 두세 잔 정도 마셔야 더 건강하게 오래 살 수 있는 것처럼 보인다.

커피를 연거푸 마시면 심장이 이상하게 빨리 뛰는 것을 경험한 사람은 커피가 심장에 좋지 않으리라 생각하기 쉽다. 그래서 커피가 건강에 좋을 수 있다는 말을 믿기 어렵다. 물론 연거푸 마시면 심장에 무리가 간다. 하지만 오랫동안 커피를 마시면 심혈관계 건강에 어떤 영향을 미치는지에 대한 36개의 연구 결과와 127만 명을 대상으로 한 연구를 종합적으로 분석한 메타 분석meta-analysis에 따르면 다른 결론과 만나게 된다.

하루 석 잔에서 다섯 잔을 마시는 사람들이 뇌졸중, 심부전 등 심혈관계 질환에 시달릴 확률이 가장 낮게 나왔다. 단, 설탕이 빠진 블랙커피를 마셨을 때만 그렇다.

만약 설탕과 우유, 크림, 시럽 등 각종 첨가물을 넣은 커피를 마신다면? 커피가 아니라 첨가물들 탓에 건강에 해로울 수 있다.

하루에 석 잔에서 다섯 잔을 마시는 게 건강에 오히려 좋다는 연구가 더 많다. 하지만 아무리 그렇더라도 하루에 최대 다섯 잔 까지 마셔도 좋다는 말을 오해해서 한꺼번에 연속으로 마시면 갑자기 카페인이 과다하게 들어와 문제가 생길 수 있다. 카페인 쇼크가 오면 심장이 빨리 뛰고 손 떨림, 가슴이 뻐근해지는 등 신체적 변화가 급격하게 일어나 공포에 떨게 된다. 그러니 시간 간격을 충분히 두고 마시도록 주의해야 한다.

커피가 암에 걸릴 확률을 높인다는 기존의 속설도 메타 분석 결과 딱히 연관이 없는 것으로 나타났다. 오히려 하루에 마시는 커피양을 두 잔 이상 늘리면 간암 발병률이 상대적으로 40% 줄어드는 것으로 나타났다. 다만, 폐암의 경우 커피 복용량과 폐암 발병 확률 사이에 양의 상관관계가 발견됐다. 물론 흡연자 대상으로만. 즉 커피를 마시면서 담배를 피우는 사람만 폐암이 발견되었다. 커피의 상쾌한 향을 느꼈을 때 습관적으로 담배를 피우면 담배의 유해성 때문에 건강에 좋을 수가 없다. 담배 피우는 사람은 커피를 안 마실 때도 피우고, 커피를 마실 때는 기분이 좋다고 더 피우니 좋은 결과가 나올 수가 없다.

커피의 온도도 문제가 될 수 있다. 세계보건기구WHO는 뜨거운 음료가 식도암을 유발할 수 있다고 경고했다. 세계보건기구는 뜨거운 음료가 식도의 연약한 조직을 파괴해서 조직이 재생산되는 속도가 정상보다 빨라지기 때문에 식도암이 생기는 것으로 추정했다. 정상보다 빠른 세포 분열 속도로 인해 분열 과정이 완전히 통제되지 않으면서 세포가 종양으로 발전될 확률이 높아진다는 논리다. 아직 학문적으로 실험을 통해 일관되게 검증된 것은 아니나 조심해서 나쁜 것은 없다.

카페에서 내놓는 커피의 경우 80℃ 이상인 경우가 많으니 바로 들이켜지 않는 것이 좋다. 65℃ 이하가 안전하다. 커피는 식을수록 다른 풍미를 내놓으니 천천히 식어 가면서 변하는 맛을 즐기는 것도 건강과 새로운 만족감을 모두 찾는 좋은 방법이라 할 수 있다.

물론 뜨거운 음료가 엄청나게 안 좋은 것은 아니다. 미국 암학회의 오티스 브롤리Otis Brawley 박사는 흡연이나 음주를 신체에 미치는 발암 위험에 비교하면 뜨거운 음료의 위험성은 아주 낮은 편이라고 주장했다.

커피를 마시고 할 일과 하지 말아야 할 일

커피는 파킨슨병, 기억력 감퇴, 치매에 대해서 치료제는 못 되더라도 예방 효과는 있는 것으로 나타났다. 2012년 일리노이주립대학에서는 쥐들에게 산소 공급을 줄여 기억력이 현저히 줄어든 상태에서, 절반의 쥐에게는 커피 몇 잔에 해당하는 카페인을 주입하고 나머지는 그대로 두었다. 그 이후 산소를 재공급해서 효과를 확인했는데, 카페인을 주입했던 쥐들의 기억력 회복 속도가 대조군보다 33% 더 빠르게 나왔다. 카페인이 세포 내 아데노신이라는 물질을 억제한 덕분이었다.

참고로 아데노신은 스트레스를 받거나 세포가 손상을 입었을 때 세포 밖으로 나와 신경 기능을 훼손해 치매를 일으킬 수 있는 물질이다. 일반인은 쥐를 대상으로 했기에 이 연구 결과를 쉽게 수긍하지 못할 수 있다. 그런 의심을 가진 남부 플로리다대학과 마이애미대학 연구팀은 2012년 알츠하이머의 전조로 알려진 가벼운 인지 장애와 심한 건망증이 있는 장년층을 대상으로 장기간 역학 조사를 했다. 연구팀이 연구 대상자들을 조사한 결과 혈중에 카페인이 전혀 없던 사람들이 알츠하이머에 걸린 비율이 훨씬 높았다.

종합해 보면, 커피가 건강에 해가 되는 것보다는 오히려 도움이 되는 연구 결과가 더 많다. 다만, 일반적 편견 때문에 기피 식품이 된 것일 수도 있다. 미국 농무부가 개정한 권장 식단을 보면, 건강을 위해 커피를 마시는 게 좋다는 내용이 담겨 있지만, 미국인조차 커피가 건강에 좋다는 내용에 쉽게 고개를 끄덕이지는 않는다.

앞서 이야기했듯이 하루에 최대 다섯 잔이지만, 실제로 더 많이 마시는 사람들이 문제다. 커피를 많이 마시면 심장이 너무 빨리 뛰어 건강을 해치게 된다. 안전하게 하루 두 잔 정도라면 커피 효과를 보면서도 두려움에서도 벗어날 수 있다.

커피를 마시면 카페인이 아드레날린 분비를 촉진한 덕분에 에너지가 충전되는 것 같은 좋은 효과가 있다. 그런데 이게 과하면 외부 상황에 공격적으로 혹은 과하게 반응하는 문제를 일으키게 된다. 아드레날린이 분비되면 뇌는 각성 과민 상태가 되어 외부 자극에 빠르게 반응한다. 그 대신 이성적으로 꼼꼼하게 따져 보는 것과는 멀어지게 된다.

한편 카페인이 과하면 뇌 혈압이 높아지고 심장을 자극해서 호흡을 빠르고 얕게 만든다. 결국 산소가 부족해진다. 긴장하거나 뭔가에 쫓겨 숨이 턱까지 차오를 때처럼 말이다. 뇌는 이런 상황을 빨리 투쟁하거나 도피를 위해 몸을 움직여야 하는 것으로 판단한다. 즉 차분하게 앉아 있을 것이 아니라, 빨리 움직여야 하는 상황으로 인식한다는 뜻이다. 자신이 상대방을 자극하지 말아야 하거나, 어떤 일을 꼼꼼하게 따져 봐야 한다면 커피를 많이 마시지 않는 것이 좋다. 반대로 적극적으로 몸을 움직여야 하는 상황, 뭔가 흥분한 상태가 더 도움이 된다면 커피가 가속도를 붙여 줄 것이다.

커피가 해로운 가장 큰 이유는 일단 즐기다 보면 중독처럼 계속 마시게 된다는 점이다. 스스로 제어하려고 해도 금단 증상이 일어난다. 커피를 마시지 않으면 집중이 안 되고, 무기력하기까지 하다. 특히 오후에.

아침에 커피를 마셨을 때는 에너지가 충전되어 의욕이 솟아오르는 것처럼 느껴진다. 하지만 그것은 카페인 금단 현상의 일시적 역작용일 확률이 높다. 섭취된 카페인이 몸 밖으로 빠져나가면 활기는 없어지고 평상시보다 인지 활동은 감소하고 기분이 좋지 않게 된다. 그래서 결국 다시 커피를 마시게 된다. 그래야 신체적 에너지가 충전되고 정신적 의지력이 솟아오르는 것 같다. 그렇게 커피 마시는 습관을 들이다 보면 중독되고 결국 건강에 해로울 정도까지 마시게 된다.

커피 자체가 해로운 것이라기보다는 적정선에서 제어하지 못하기 때문에 해로운 것이다. 이런 상태에서 벗어나려면 스스로 제한선을 정해 놓고 기분이 나빠지고, 신체적으로 굼뜬 상태가 되더라도 커피를 참아야 한다. 그러다 보면 적은 양의 카페인 섭취량에도 각성하게 되어서 효과를 보게 된다. 물론 엄청난 인내력이 필요하지만.

커피는 인간의 감정에도 영향을 준다. 정확히 말해 감정을 통해 행복에도 영향을 준다. 독일 루르대학의 심리학자 라스 쿠힌

케Lars Kuchinke가 2012년 발표한 연구에서 실험 참가자들을 두 집단으로 나눠, 한 집단에게는 커피 두 잔 정도의 카페인이 담긴 알약을, 다른 집단에게는 플라세보placebo, 즉 위약僞藥을 주었다. 그리고 단어를 판단하는 검사를 했다. 그 결과 카페인을 섭취한 집단이든 아니든 부정적, 중성적인 감정에 해당하는 단어를 인식하는 데는 차이가 없었지만, 카페인 섭취 집단이 긍정적인 감정의 단어를 7% 더 잘 찾았다.

고작 7%라고 생각하기 쉽지만, 실험에 참여하는 잠깐 사이 제시된 자극에서 긍정적인 것을 더 잘 찾았다는 것을 잊지 말아야 한다. 카페인의 도움으로 하루 전체, 한 달, 일 년이면 긍정적인 것을 더 많이 찾고 그와 관련된 감정을 훨씬 많이 느낄 가능성이 높다. 왜 이런 결과가 나올까?

카페인은 두뇌에서 보상, 창의성, 충동, 중독과 연관이 있는 도파민을 증가시키고, 도파민은 긍정적인 감정을 유발하는 고리가 있기 때문이다. 단, 일곱 잔 이상 마시면 마약이나 알코올 중독자처럼 오히려 감정에 무뎌지고 불면증 속에서 불안, 짜증의 감정을 더 많이 느낀다.

커피를 즐기듯 삶을 즐기다

지금까지 소개한 내용을 정리해 보자. 일단 아침을 먹고 커피를 마시고, 하루에 커피 두 잔에서 석 잔을 오후 4시 전까지

65℃ 이하의 온도로 마시면서, 긍정적인 자극에 더 열려 있기만 하면 몸과 마음이 모두 건강할 것 같다. 그런데 이게 다일까?

건강을 위해 커피를 '어떻게' 마시냐는 질문에 정량적인 것만 포함해서는 안 된다. 정성적인 면에 대한 고민도 필요하다. 하루에 커피 두 잔을 마신다고 해도 스트레스 상황에서 마시면 건강에 좋을 리가 없다. 내가 싫어하는 사람과 마시거나, 회의 중에 맛도 못 느끼고 몸 안으로 밀어 넣는 커피가 정신적 건강에 좋을까?

스트레스는 정신적인 것이지만, 신체적 건강에도 영향을 미친다. 스트레스가 유발하는 대표적인 병만 해도 고혈압, 심장병, 뇌졸중, 당뇨, 결핵, 암, 위궤양, 천식, 여드름과 발진, 편두통, 관절염, 각종 통증 등 다양하다.

스트레스가 이렇게 무서우니 스트레스에서 벗어나고자 커피를 찾는다면 좋을까? 사람들은 똑같은 이유인 부정적 기분에서 벗어나고자 술, 담배, 게임, 마약 등 중독될 만한 것을 찾는다. 처음에는 좋다. 하지만 그것도 곧 시들해진다.

왜냐하면, 자극적인 사물은 뇌를 피곤하게 만들기 때문에 예전처럼 즐거움을 얻으려면 더 센 자극을 줘야 한다. 점점 센 자극을 받다 보면 어느 수준에 이르러서 뇌가 완전히 무뎌지고, 부정적 기분에서 벗어나고자 했던 대상에 중독되도 행복을 얻는 게 아니라 우울한 감정을 얻게 된다.

이런 상황에 빠지지 않으려면 커피와 좋은 기분을 연결하려고 노력하는 게 좋다.

스트레스에서 벗어나기 위한 것, 즉 커피와 나쁜 기분을 연결하는 것에 익숙해지면 안 된다. 마음을 나누는 사람과 커피를 마신 경험, 마음을 편안하게 하거나 위로해 주거나 신선한 호기심이 생기게 하는 분위기의 공간에서 커피를 마신 경험이 있는 사람은 스트레스를 받는 상황에서 커피를 마실 때 어떨까? 단순한 회피가 아니라 그 좋았던 때를 떠올리며 숨통을 트게 된다. 그렇게 즐기는 커피는 행복을 불러온다. 커피 자체의 힘만이 아니라, 긍정적 기억의 힘으로.

너무 힘들 때는 매일 마시던 블랙커피가 아니라 달달한 첨가물이 들어간 커피로 자신을 위로하는 유연함도 필요하다. 스트레스는 코르티솔이라는 호르몬의 분비를 촉진한다. 코르티솔은 스트레스에 대응하기 위해서 신체에 에너지를 공급하는 호르몬인데, 코르티솔의 에너지원으로 사용되는 게 바로 포도당이다. 그래서 스트레스를 받으면 단것이 먹고 싶어진다. 그때 자신에게 세상이 그렇듯이 냉정하게 "안 돼"라고 하기보다는 라떼, 캐러멜-마키아토caramel macchiato와 같은 음료를 특별한 선물처럼 주면 스트레스가 줄어든다. 물론 매일 마시면 안 좋지만 특별한 예외로만 누리면 그동안 막혀 있던 미감과 자유로움을 느낄 수 있다.

똑같은 이유로 매일 단 음료를 마셨던 사람의 경우에는 스트레스가 심할 때 블랙커피를 마시는 것이 좋다. 인간은 괴로워하는 대상을 머리에 떠올려서 괴롭다. 그래서 길리언 플린의《몸을 긋는 소녀》[5]의 주인공과 같은 사람은 그 괴로운 대상을 머리에서 몰아내기 위해 자해도 서슴지 않는다. 괴로운 대상을 몰아내고 아픔을 머리에 채우는 것이다. 물론 자해는 부정적이다.

같은 원리를 긍정적으로 쓸 수 있다. 괴로운 대상을 떠올리지 못하게 시끄러운 축제에 다녀오거나, 영화를 보거나 음악을 들을 수도 있다. 그리고 여태까지 경험해 보지 못한 카페, 그곳의 낯선 메뉴에 도전해서 오로지 그 카페 특유의 음료가 주는 맛에 집중할 수도 있다.

하나 마나 한 말이지만 커피를 즐기는 방법은 이 글에 다 담을 수 없을 정도로 다양하다. 사람마다 좋아하는 메뉴, 느끼는 감정, 처한 상황이 다 다르니 말이다.

하지만 공통된 원리는 있다.

양이 아니라 질에 더 집중해야 진짜 즐길 수 있다는 것. 그저 타성에 젖어 노래를 많이 부른다고 해서 노래를 즐긴다고 할 수 없고, 하나의 노래라도 제대로 즐기는 게 더 중요한 것처럼 말이다. 커피 한 잔이라도 제대로 즐길 줄 아는 것이 중요하다.

제대로 즐거움을 느낀 적이 있어야 그 즐거움을 더 느끼려 노래를 파고들고, 또 그런 즐거움을 더 많이 느끼려 다른 노래로 넘어가듯이, 커피를 어느 하나 제대로 즐기면 다른 커피 메뉴를 즐기는 방향으로 갈 수 있다. 그렇게 커피 마시는 과정을 넘고 넘어가다 보면 자신이 무엇을 좋아하는지, 왜 좋아하는지에 대한 답을 찾으며 자기 자신을 즐기게 된다. 커피가 만들어지는 기계, 공간, 커피를 만드는 사람 등에도 관심을 두게 되어 카페를 즐기

---

5. 문은실 옮김, 푸른숲, 2014.

게 된다.

이렇게 별것 아닌 것 같아 보이는 커피도 꼼꼼하게 즐기면 결국 카페를 벗어나 더 넓은 세상을 즐기는 방향으로 살게 되지 않을까? 그래서 감히 말해 본다. 커피 하나만 즐기는 것이 아니라, 커피 한 잔을 마셔도 삶을 즐기는 방향까지 이어져야 커피를 건강하게 마시는 거라고.

인문학은 아는 척하기 위한 지식을 쌓는 공부가 아니다. 삶의 조건을 꼼꼼하게 살피는 학문이다. 삶의 조건에 커피가 있다면, 꼼꼼하게 살펴보는 것. 그게 바로 커피로 인문학을 하는 길이자, 자기 삶을 인문학적으로 보듬는 실천이 아닐까?

4.

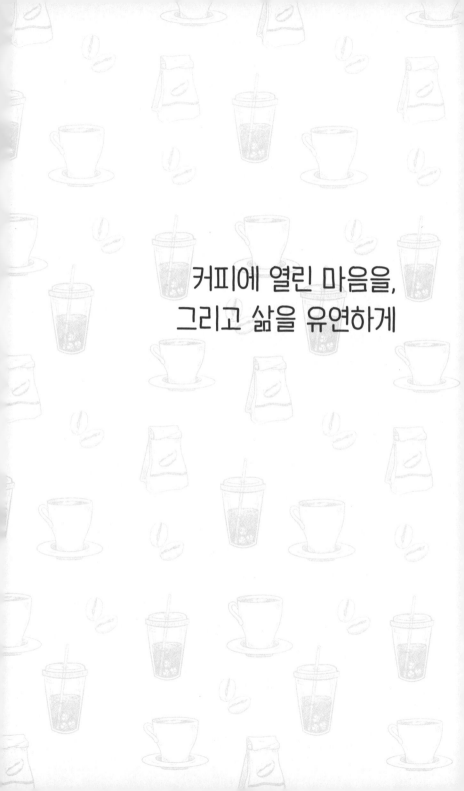

커피에 열린 마음을,
그리고 삶을 유연하게

디카페인 커피에는 카페인이 있다, 없다?

흔히 디카페인 커피에는 카페인이 없다고 생각한다. 하지만 디카페인decaffeinated 커피는 논 카페인non-caffeinated 커피가 아니다. 디카페인 커피는 말 그대로 카페인을 줄인, 즉 함량을 낮춘 decreasing 커피다.

커피 하면 떠오르는 카페인. 하지만 카페인 때문에 커피를 꺼리는 사람도 있다. 그들을 위해 카페인을 최대한 없애면서 커피의 향과 맛을 유지하려는 의도로 디카페인 커피를 만들었다.

카페인을 제거하는 방법에는 여러 가지가 있다. 용매를 이용한 방법, 물을 이용한 방법, 이산화탄소를 이용한 추출법 등이다. 1900년대에는 주로 벤젠을 사용해서 카페인을 제거했다. 현재는 벤젠의 유해성 논란으로 사용하지 않고 있다.

현재는 에틸아세테이트와 메틸렌클로라이드와 같은 용매를 이용해 생두를 씻어서 카페인을 제거한다. 이후 10시간 동안 수증기를 쐬어 남아 있는 용매를 제거한다. 그래도 용매는 남지만 건강에는 무해하다고 주장한다.

물을 이용한 카페인 제거법은 커피를 물에 넣고 카페인이 우러나면 활성탄소와 접촉하게 해 카페인만 없애고 나머지 물은 커피에 다시 넣는 과정을 거친다. 열을 가하지 않아 맛의 변화가 적고 용매가 남아 있지 않아 안전성이 높다는 이유로 많이 사용하고 있다.

이산화탄소 추출법은 이산화탄소가 원두를 통과하면서 상승한 후, 카페인을 담은 채 물기둥 속으로 녹아들어 가는 기계 장치로 카페인을 추출한다. 이산화탄소가 용해된 물은 압력이 낮은 방으로 들어가서, 카페인과 물이 이산화탄소로부터 분리된다. 분리된 이산화탄소는 다시 카페인을 추출하는 데 쓰는 식으로 공정이 진행된다.

카페인을 머금은 물을 가열하면 순도 95%의 카페인 추출물만 남게 된다. 디카페인 커피뿐만 아니라, 순도 높은 카페인 가루도 얻는 일거양득의 이유로 대형 사업체에서 이 방법을 사용한다. 참고로 카페인 가루는 각종 탄산음료와 에너지 드링크, 약품 등에 쓰여서 카페인 가루는 이래저래 인기가 좋다.

이런 다양한 방법으로 디카페인 커피를 만들어도 카페인은 100% 없어지지 않는다. 100%가 아니어도 유럽연합에서는 99% 이상 카페인이 제거된 커피에 디카페인 커피라는 표기를 할 수 있다. 기타 국가에서는 대부분 97% 이상 카페인이 제거되면 디카페인 커피라 하고, 한국은 90%만 제거해도 디카페인 커피라고 표기할 수 있다. 그런데 사람들은 디카페인 커피를 보면 심리적으로 카페인이 전부 없어진 것으로 생각한다. 인지 왜곡cognitive distortion 때문이다.

인지 왜곡은 의도적으로 상황을 다르게 보는 게 아니다. 상황을 이해할 때 자동 처리되는 과정이라서 피하기가 힘들다. 디카페인 커피는 카페인이 없는 커피라고 생각하는 것도 어떤 의도가 있는 게 아니라 인지 왜곡된 상태에서 전무적 사고 편향all-or-nothing thinking bias이 일어나기 때문이다.

전무적 사고는 "전부 아니면 아무것도 없다"는 식의 생각이다. 성공 아니면 실패, 좋은 사람 아니면 나쁜 사람 식으로 생각하는 특징이 있다. 이런 이분법적 사고는 세상의 다양한 상황을 제대로 이해하는 것을 막는다. 하지만 일단 빠르게 파악하는 데는 도움이 되기에 전무적 사고 편향은 없어지지 않는다.

전무적 사고 편향은 세상에 대한 올바른 이해의 기회만 막는 게 아니다. 자기 자신에 대한 이해도 막는다. 그런대로 괜찮게 살아왔음에도 몇 번의 실패와 고통으로 자신의 행복한 삶을 부정할 수도 있다. 어떤 사람과의 관계에서도 80% 이상 즐겁게 지냈지만, 20% 삐걱거렸다는 이유로 끔찍한 관계였다고 느낄 수도 있다.

여기에서 의문이 생긴다. 90% 이상 카페인이 없어진 커피를 전무적 사고로 100%라고 생각하는 인지 왜곡이 있다면, 왜 80% 좋은 경험이 있었으면서도 100% 좋은 경험으로 생각하지 않는 것일까? 왜 20%의 안 좋은 경험으로 기어이 행복을 0%로 만들고야 마는 걸까?

생각은 행동과 연결된다. 카페인이 걱정되어 커피를 꺼리던 사람은 카페인이 전혀 없다고 믿어야 마음 편하게 디카페인 커피를 즐길 수 있다. 즉 전무적 사고 편향을 더 편하게 느낀다. 관계가 시들해져 이별을 고려하는 사람은 어떨까? 처음에 관계를 긴밀하게 다지려고 10%의 호의도 100%로 보려고 했던 노력을 계속 기울이고 싶을까? 차라리 80%의 행복이 아니라 20%의 불만을 100%의 불만으로 생각하는 게 더 마음 편하게 이별할 방법이 아닐까?

다이어트하는 사람은 열 번을 참다가 한 번 무너진 것을 놓고 어떻게 생각할까? 100% 다이어트에 실패했다고 생각해서 될 대로 되라는 식으로 그동안 내심 하고 싶었던 폭식을 하지 않는다. 자신이 무너진 지점을 확인해서 더 조심한다. 90%의 성공도 인정한다. 그래서 성공하는 데 유리한 전략을 짠다. 하지만 억지로 다이어트하던 사람은 어떻게 할까? 열 번 참았다가 한 번 무너진 것을 기회로 자기를 괴롭혔던 다이어트에서 멀어지려 할 것이다. 결국 자신이 내심 하고 싶었던 행동을 기준으로 생각하고 선택하는 것이다.

카페인 때문에 커피를 마시지 못했다는 사람도 디카페인 커피를 마시면 결국 카페인에 노출된다. 디카페인이니 마음 놓고 더 많이 마시면 그만큼 카페인에 더 많이 노출된다. 그러나 이것은 어디까지나 신체적인 관점이다. 당사자의 심리적 측면에서는 카페인 없이 맘껏 커피를 즐길 자유이용권을 구매한 것처럼 느끼게 된다. 커피를 맘껏 즐기고 싶은 마음이 카페인 함량이나 영향력 등 상황을 꼼꼼하게 보는 것을 방해한다.

사회적으로도 디카페인 커피에 대해 꼼꼼하게 생각하지 않도록 분위기를 만든다. 만약 "10% 카페인 함유"라고 디카페인 커피 광고를 하면 어떻게 될까? 다른 조건으로 "카페인 90% 감소"라고 하는 광고는 어떨까? 사실 카페인을 90% 줄였다는 말은, 아직 카페인이 10% 있다는 말이니 이성적으로 따져 보면 둘 다 똑같은 조건이다. 하지만 노벨 경제학상 수상자이기도 한 대니얼 카너먼Daniel Kahneman 박사의 연구에 따르면 심리적으로는 전혀 다르다.

  사람에게는 감성적으로 계산하는 틀이 있다. 그리고 그 틀은 주관적 가치에 의해 크게 좌우된다. 카페인에 민감한 사람에게는 "생각의 틀frame"이 카페인 감소 쪽에 있어야 마음이 움직인다. 계속 감소 쪽에 호소하려다 보니 아예 카페인 감소 수치를 언급하지 않는 식으로 디카페인 광고가 제작되고 있다. 마치 카페인 함유량이 0%인 것처럼. "카페인을 줄였으니 이제 카페인을 생각하지 마세요."라고 광고하는 순간 카페인에 대해서 더 민감해지니 아예 카페인이란 낱말 자체를 언급하지 않는다. 여러분이 접하는 광고를 한번 확인해 보시기를.

  디카페인 커피는 커피로서의 맛과 향기를 더 강조하지, 카페인 함량을 이야기하지 않는다. 맛과 향은 카페인이 들어간 커피도 강조하는 바다. 심지어 디카페인 커피에도 카페인이 있다. 단지 카페인을 강조하지 않을 뿐이다. 하기는 일반 커피도 카페인을 강조하지 않는다. "카페인 100% 함유"라는 광고가 없는 것만 봐도 그렇다.

디카페인 커피 입장에서 보면 카페인은 없어야 할 요소다. 일반 커피 입장에서 보면 카페인은 커피에 꼭 있어야 한다. 왜? 커피 특유의 쓴맛과 각성 효과는 카페인에서 나오기 때문이다. 커피 애호가 중에는 카페인을 즐길 줄 알아야 진정 커피를 즐길 줄 아는 것이고, 디카페인 커피는 진정한 커피가 아니라는 식으로 말하는 사람이 적지 않다. 정말 디카페인 커피는 진정한 커피가 아닐까?

'있음'과 '없음'으로 보는 커피의 철학

카페인은 원래 식물이 해충을 쫓기 위해 만든 물질이다. 그 물질을 인간이 섭취하면 기분이 좋아지고 각성 효과가 생긴다. 고대 마야인도 카카오를 통해 카페인을 섭취했으니 카페인과 인간의 관계는 제법 오래되었다. 3500년 전 고대 유적지에서도 주전자에 담아 높은 곳에서부터 잔에 따라서 거품이 풍성한 초콜릿을 만들어 마신 흔적이 있다.

카페인 효과가 좋다 보니 인기도 꾸준했다. 14세기 아스테카 제국은 카페인을 추출할 수 있는 카카오를 군인들에게 배급 식량으로 지급할 정도였다. 콜럼버스가 그 카카오를 유럽에 가져왔고, 이후 남다른 애정 행각을 자랑했던 사드 후작이 카페인이 들어간 초콜릿을 최음제처럼 애용하기도 했다. 괴테도 여인들에게 꽃과 함께 초콜릿을 선물할 정도로 마음을 움직이는 카페인의 효과는 널리 인정받았다.

지금은 초콜릿보다는 커피로 카페인을 더 많이 섭취한다. 지구에서 석유 다음으로 많이 교역되는 상품이 바로 커피다. 이런 커피의 성공 배경에는 무시할 수 없는 카페인 효과가 있다. 마셔서 기분 좋거나, 정신이 바짝 들어 일을 더 잘하게 하는 효과 없이 순전히 향과 맛 때문에 이 거대한 성공을 거두었다면 남다른 향과 맛을 자랑하는 차나 건강에 좋은 주스의 교역량도 커피와 비슷하게 나올 정도로 인기를 끌어야 하지 않았을까?

디카페인 커피보다는 카페인이 있는 커피를 그냥 마시는 사람이 더 많다. 과거 역사적으로나 현재나 모두 그렇다. 상황이 이렇다 보니 카페인이 있는 커피를 "정상적"인 것, 디카페인 커피는 "정상에서 벗어난 것"으로 여기는 사람도 있다. 심지어 카페인이 있는 커피를 "좋은 커피", 디카페인 커피를 "나쁜 커피"로 보기도 한다.

디카페인 커피 애호가 입장에서는 카페인이 있는 커피를 "없어야 할 요소가 있는 나쁜 커피"로 보고, 디카페인 커피를 "있어야 할 요소는 다 있는 좋은 커피"로 보는 경우도 있다. 복잡하다. 이 상황을 명쾌하게 정리하자면 철학의 도움이 필요하다. 대체 철학적으로 디카페인 커피는 우리에게 어떤 의미가 있을까?

커피뿐만 아니라 세상 사물을 놓고 생각해 보자. 있어야 하는 것이 있는 건 좋다. 없어야 하는 것이 없는 것도 좋다. 약에 약효가 있고 부작용이 없으면 좋은 약이라고 하고, 사람에게 덕이 있고, 악이 없으면 좋은 사람이라고 하는 것처럼. 진정 좋은 커피에 대한 논쟁도 따지고 보면 "있어야 한다"와 "없어야 한다"는 세부 조건의 대립이다.

어디 카페인뿐인가? 우유를 넣어 만든 라떼, 아인슈페너처럼 풍부한 질감과 맛을 내는 커피가 좋은 커피라고 생각하기도 하고, 반대로 우유를 가미하거나, 물로 희석하지 않고 에스프레소 상태로 마시는 것을 좋은 커피로 생각하기도 한다. 그 어떤 기계를 쓰지 않고, 아프리카 현지에서 화덕에 구운 원두를 짜서 마시는 커피를 진정 좋은 커피라고 하는 사람도 있다. 중개상이 아닌 농장에서 일하는 사람들에게 이익이 많이 돌아가게 하는 커피가 진정 좋은 커피라고 하는 사람도 있다. 맛의 탁월함이라기보다는 희소성 때문에 자주 접하지 못한 맛을 줘서 더 귀하게 느껴지는 커피를 진정 좋은 커피라고 생각하는 사람도 있다. 저마다 생각하는 바가 다르지만, 뭔가 "있어야 한다"와 "없어야 한다"라는 신념을 단호하게 갖는 것 자체는 공통이다.

"있음"과 "없음"은 단호하게 경계를 나누는 선으로 영역이 뚝 떨어진 이미지를 떠올리게 한다. 하지만 실상은 다르다. 90% 카페인을 줄여 겨우 디카페인 커피 상표를 단 커피는 89.999% 카페인을 줄였지만 디카페인 커피로 존재할 수 없는 커피와 진정 뚝 떨어진 영역에 있는 것일까? A와 B를 있다와 없다 기준으로 나누려면 A에게 있는 것이 B에게는 없고, B에게 있는 것이 A에게 없어야 하는데 현실에서는 그런 게 존재하기 어렵다.

순수한 원액이라고 믿는 에스프레소도 뜨거운 물로 추출하고, 디카페인 커피도 카페인이 있고, 우유를 섞지 않아도 로스팅한 커피 원두 자체에 달콤한 향미를 주는 지방이 소량이지만 포함되어 있다. 공정무역이라고 해도 직거래 유통에 가까워서 농장주에게만 이익이 많이 돌아가고 원래 취지였던 농부에게는 여전히 부가 분배되지 않는 경우도 많다.

아무리 미세하게 있음과 없음을 나누는 선을 그어도 실제로는 잘 나뉘지 않는다. 있음에도 없음이 들어가고, 없음에도 있음이 들어간다. 아예 없음으로 있음을 이야기하기도 한다. 치장을 극소화하는 미니멀리즘은 없음으로 그 나름의 디자인 철학이 있음을 드러낸다. 카세인나트륨이 없다는 것으로 더 건강한 요소가 있는 것처럼 과장해서 광고한 커피도 있었다. 이렇듯 없음과 있음은 서로를 껴안고 있다. 있음은 없음을, 없음은 있음을 끌고 나온다.

그뿐 아니라, 없음과 있음을 나누는 선 자체는 있음과 접하면서도 없음과 접해야 한다. 있지도 않고 없지도 않은 선의 존재. 이것을 그리스철학에서는 아페이론apeiron이라고 부른다. 현대어로 바꾸면 '규정할 수 없는indefinite'이나 '한계가 없는infinite'으로 표현할 수 있다. 규정할 수 없고, 한계가 없는 세계는 자유다.

있고 없고의 문제에서 벗어나서

있음과 없음의 경계를 열심히 이야기할수록 그 경계선에서 자유가 나온다. 신영복은 《변방을 찾아서》[6]에서 "변방은 창조의 공간"이라고 말했다. 변방은 안의 것도 아니고, 밖의 것도 아니고, 안이 아닌 것도 아니고, 밖이 아닌 것도 아닌 세계다. 중심과 아직 잘 모르는 외부 세계, 익숙함과 완전한 낯섦의 한계가 없는 접점인 변방에서는 자유로운 시도가 창조적으로 이뤄진다. 그 창조물이 중심과 익숙함을 대치한다. 중심이었던 것은 사라지거나 변방으로 밀려나 다른 요소와 융합하고 또 다른 변방이 만들어진다. 변방에서 시작해 주류가 된 패션, 음악, 사상 등 역사적 사례가 넘쳐난다.

커피도 세계 역사와 문화의 중심으로 내내 남아 있었다고 말하기 힘든 아프리카에서 유래했다. 그 유래를 놓고 아프리카가 중심이라고 말하는 사람도 있다. 그러나 시간의 흐름 속에서 중심을 말하는 것은 큰 의미가 없다.

역사적 사례를 봐도 중심과 변방은 고정되어 있지 않았다. 17~18세기 중상주의 시대 중심 국가였던 네덜란드와 포르투갈, 스페인 등은 현대에는 더 이상 중심이라고 말하기 어렵다. 그때 있었던 많은 것은 지금 많이 없어졌다. 당장 지금도 없던 것이 있게 되고, 있던 것이 없게 된다. 확고하게 나뉘지 않는다. 확고하게 나뉜다고 생각했던 것일 뿐. 나뉘지 않는 것을 나눈다고 생각하는 것은 왜곡이다. 왜곡은 거짓말이다. 확고하게 무언가가 계속 존재해 왔고, 앞으로도 그럴 것이라고 말할수록 거짓을 말할 확률이 높다.

---

6. 돌베개, 2012.

있는 것이나 없는 것이나 규정할 수 없고, 한계가 없다는 사실을 받아들이면 디카페인 커피 관련 논쟁을 정리할 수 있다. 커피 잔을 들어 각도를 바꿔서 사진을 찍어 보자. 위, 아래, 옆 등 전형적인 각도만 찍는 게 아니다. 온갖 각도로 사진을 찍으면 갖가지 잔의 모양이 나온다. 그렇게 만들어진 사진에 나온 모양이 다르다고 그 잔을 잔이 아니라고 할 수는 없다.

전형적인 방식으로 만드는 커피만 커피가 아니다. 디카페인 커피도 커피고, 카페라테도 커피고, 핸드 드립도 커피고, 에스프레소 머신을 통해 만든 커피도 커피다. 있음과 없음의 경계를 생각하며 필자가 개인적으로 개발한 커피 에이드와 국화 커피도 커피다. 그중에 저마다 더 맛있다고 느끼는 커피는 있을 수 있다. 하지만 진정한 커피는 없다. 커피 자체가 변형되어 왔고, 앞으로도 변형될 것이니까.

"진정한"은 고정된 존재에나 붙일 수 있는 표현이다.

굳이 말하자면 모두 진정 좋은 커피다. 늘 변하는 과정에서 나온 커피들이고, 변형은 고정불변의 사실이니까. 진정하게 좋은 커피는 없어도, 저마다 특별히 맛있는 커피는 있다. 색다른 커피도 있다. 새로운 커피도 있다. 아직 만들어지지 않은 "없는 커피"도 "있다". "진정한 커피"에 대한 생각에서 벗어나면 더 자유로운 커피 세계를 만날 수 있다.

"다른" 커피를 "나쁘다" 혹은 "틀렸다"가 아니라 인정하는 것을 별거 아닌 것으로 여길 수 있다. 하지만 사소한 것에도 자유롭게 대처할 수 없다면 더 큰 차원에서 자유롭기 힘들 가능성이 크다. "너는 아직 디카페인 커피를 심지어 라테로 마시냐? 진정한 커피 맛을 알려면~" 식으로 타인에게 닫힌 사고를 거리낌 없이 강요하는 사회는 자유로울 수 없다. 그래서 특정 커피 전문가가 진정한 커피 맛을 강요하듯 이야기하는 것도 경계해야 한다. 특정 원두, 특정 브랜드를 강조하며 진정한 커피를 말하는 것도 커피의 자유를 억압하는 행동이다.

유행과 선호는 있을 수 있다. 신선한 것과 오염된 것이 있을 수 있고, 건강에 더 좋은 것과 해로운 것도 있을 수 있다. 하지만 그 모든 있음과 없음의 경계를 억지로 나눠 어떤 편에 서려는 것보다 자유를 더 많이 생각해 보는 게 어떨까? 커피처럼 사소한 것에서부터.

5.

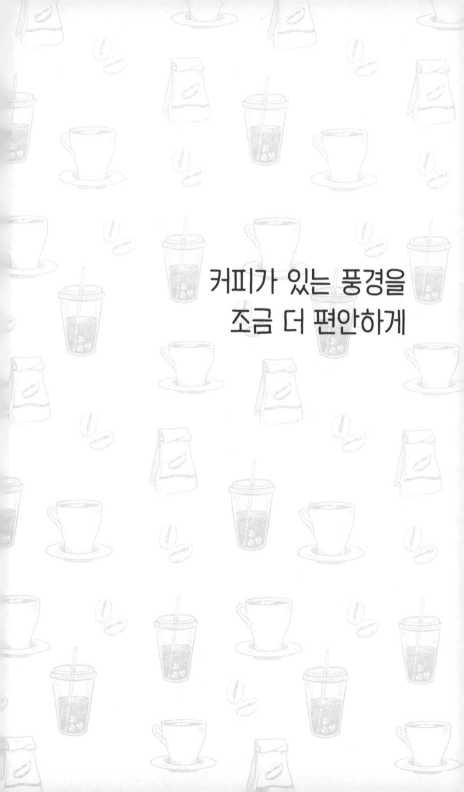

커피가 있는 풍경을
조금 더 편안하게

음악이 주는 묘한 효과

카페를 찾은 손님들은 으레 그 카페에 음악이 있을 것을 기대한다. 그것도 구체적으로 기대하는 장르가 있다. 밝고 현대적인 인테리어 카페는 팝, 가요 등 흥겨운 음악을 기대한다. 좀 어두운 인테리어 카페에서는 발라드나 클래식을 선호한다. 자신의 기대와 다른 음악이 나올 때는 불편함을 느낀다.

캐나다 요크대의 키에타 헝Kieta Hung의 2000년 연구에 따르면 카페 이미지와 일치하는 조건에서 사람들은 편안함을 느낀다. 헝의 연구에서 사람들은 유럽 카페 이미지에는 유럽 음악을, 브라질 카페 이미지에는 브라질 음악을 입힌 조건에, 유럽 카페-브라질 음악, 브라질 카페-유럽 음악 식으로 불일치하는 조건보다 더 편안함을 느꼈다.

흥미롭게도 불일치 조건에서 사람들은 카페를 반항적이거나 더 전문적인 느낌 등 독특한 인상을 받았다. 그래서일까? 전통차를 팔 것이라는 애초 기대를 깨고 커피를 파는 한옥 카페의 경우, 손님은 대부분 재즈 음악을 기대한다. 사물놀이나 창, 타령

등의 음악을 기대하지 않고 말이다.

만약에 한옥 카페에서 비싼 와인까지 팔고 싶다면 어떻게 해야 할까? 재즈도 타령도 아니다. 클래식이 더 좋을 수 있다.

텍사스 공대의 찰스 아레니Charles Areni와 데이비드 킴David Kim의 1993년 연구에 따르면 클래식 음악을 들을 때 사람들은 대중음악을 들을 때보다 더 비싼 와인을 산다. 아레니와 킴은 클래식 음악이 사람들에게 더 고급 취향이고, 더 부유한 느낌이 들게 해서 구매율을 높였다고 주장했다.

클래식 음악은 사람의 움직임도 느리게 한다. 느리게 움직이며 대상을 꼼꼼하게 봐야 하는 미술관, 쇼핑몰, 고급 레스토랑에서는 클래식을 선호한다. 반대로 사람들이 빨리 움직이기를 바란다면 록이나 댄스 음악을 틀기도 한다.

음악이 배경으로 멈춰 있는 게 아니라, 일종의 행동 촉발제가 되는 셈이다. 음악은 기분을 자극해서 특정 행동을 하게 한다. 음악과 행동의 짝을 음악 궁합musical fit이라고 한다. 음악 궁합 효과가 좋다 보니 텔레비전 광고의 약 94%가 음악을 담고 있다. 일찍이 궁합 효과를 안 마이크로소프트는 1999년 광고에 롤링 스톤즈의 노래 'Start Me Up'을 사용하려고 300만 달러를 쓰기도 했다.

그렇다면 카페에서 커피와 궁합이 좋은 음악은 무엇일까? 유튜브에 "커피"와 "음악"을 검색어로 입력하면 각기 다른 장르의 음악이 쏟아져 나온다. 왜? 사람마다 선호하는 음악이 다르니까. 즉 음악 궁합에도 개인차가 있다. 어떤 사람은 재즈를, 어떤 사람을 팝을, 어떤 사람은 클래식을 좋아한다. 중요한 것은, 사람들은 자신이 좋아하는 음악을 들으며 커피를 마시고 싶어 한다는 점이다.

그런데 여기에 변수가 있다. 바로 날씨다. 비 오는 날에는 기분이 가라앉는 사람이 많아 조용한 음악을 선호한다. 햇빛이 더 많고, 온도도 높으면 흥겨운 음악을 선호한다. 그러나 추워도 아이스 아메리카노를 고집하는 사람이 있는 것처럼 날씨에 영향을 덜 받는 사람도 여전히 존재한다.

심리학 연구에 따르면 기본적 기분은 선호하는 계절과 관련이 있다. 테오 클림스트라Theo A. Klimstra와 톰 프리즌스Tom Frijns 등이 2011년 네덜란드에서 실시한 연구에 따르면, 여름에 우울을 더 느끼는 사람과 겨울에 우울을 더 느끼는 사람이 계절별로 경험하는 기분이 다르다.

여름을 좋아하는 사람, 여름을 싫어하는 사람, 비를 싫어하는 사람, 비를 좋아하는 사람, 겨울을 좋아하는 사람, 겨울을 싫어하는 사람은 같은 음악을 듣더라도 기본적으로 평소 기분이 다르니 음악을 들었을 때의 느낌도 다를 수밖에 없다.

느낌도 느낌이지만 사람의 수도 다르다. 기존 연구에 따르면 여름을 싫어하는 사람보다 겨울에 우울한 기운을 느껴 싫어하는 사람이 약 30배 더 많다. 그렇다 보니 가을이나 겨울 카페에서는 우울을 느끼는 더 많은 수의 사람을 위한 음악을 틀 수밖에 없다.

슬플 때는 슬픈 음악으로 위로를

그렇다면 가을을 거쳐 겨울에 가까워지면서 더 우울을 느끼는 사람이 좋아하는 음악은 무엇일까? 우울에서 단번에 벗어날 수 있도록 기운을 주는 흥겨운 음악일까?

아니다. 미국 사우스플로리다대학에서 실시한 2020년 연구에 따르면 우울할수록 사람들은 슬픈 음악을 더 찾는다. 연구진은 우울증 진단을 받은 집단과 우울증에 걸리지 않은 집단에 30초 길이의 슬픈 음악, 즐거운 음악, 중립적인 음악 등 30곡을 들려주었다. 그리고 나서 어떤 음악을 다시 듣고 싶은지를 물었다. 그러자 우울한 실험참가자들은 일관되게 슬픈 음악을 더 많이 선택했다.

왜 이런 결과나 나왔을까? 자신의 기분과 일치하는, 음악 궁합이 맞아서 마음이 누그러지고 편안해지며 위로받는 느낌이 들기 때문이다.

반대로 흥겨운 음악을 들으면 어떨까? 손님인 자신의 기분을 전혀 고려하지 않아 카페로부터 배려받지 못한다는 생각과 신경이 거슬려 짜증이 나서 자리를 뜨고 싶어진다. 카페 입장에서는 재방문 확률이 낮아지니 걱정이다. 그래서 가을과 겨울에는 대부분의 카페에서 차분하거나 감상적인 음악을 튼다.

카페 사장으로서는 그렇다 치고, 손님 입장에서 걱정되는 게 하나 있다. 우울할 때 우울한 음악을 들으면 더 우울해져서 나쁘지 않을까?

물론 24시간 내내 우울한 음악을 듣는다면 그럴 수 있다. 하지만 우울할 때 카페에 온 몇 시간 동안 우울한 음악을 듣는 것은 공감과 위로를 받는 기분이 들어 오히려 좋다.

인간은 신경전달 물질인 세로토닌Serotonin이 결핍되면 우울한 상태가 된다. 그런데 자신만 이런 우울한 기분인 것 같은 불안감과 소외감에 휩싸여 있던 사람은 자신을 위로하는 음악을 들으면서 예민했던 신경이 누그러지면서 도파민Dopamine과 세로토닌이 분비된다. 감정의 카타르시스를 경험하고 마음의 짐을 덜어낼 수도 있다. 그래서 슬픈 음악을 들어도 기분이 전환되고 더 좋아지는 경험을 하게 되는 것이다.

기분을 좋게 끌어올리는 데는 에너지가 든다. 하지만 우울을 느끼면 동원할 수 있는 에너지가 많지 않다. 그러니 활달하게 움직이기보다는 그저 앉아서 자기 기분과 일치하는 음악을 더 듣게 된다. 이 과정에서 슬퍼도 좋은 감동적인 음악은 기쁨을 주기도 한다.

2001년 맥길대학 연구에 따르면 감동적인 음악을 들을 때 활성화되는 뇌의 영역은 음식, 성관계, 마약에 의해 자극되는 황홀한 즐거움을 주는 영역과 같았다. 세로토닌과 도파민이 쏟아져 나오면서 우울에서 벗어나게 된다. 한편 여름에는 충분한 일조량으로 우울을 느끼는 사람이 많지 않으니 경쾌한 리듬에 흥겨운 멜로디가 있는 음악을 튼다.

미국과 호주 연합 연구팀인 어맨다 크라우제Amanda Krause와 아드리안 노스Adrian C. North가 2015년 음원사이트에 올라온 10억 5000만 개 노래를 분석한 2018년 연구에 따르면, 봄과 여름에는 에너지가 뿜어져 나오는 노래를 선호한다.

가을과 겨울에는 차분한 음악을 선호한다. 일 년의 특정 계절에만 그런 것은 아니다. 경기가 호황이면 우울을 느끼는 사람이 줄어들어 흥겨운 음악을 더 선호한다. 불황이면 박자가 처지는 음악을 선호한다. 미국 조지메이슨대학 마크 크레인Mark Crain과 미시시피대학의 로버트 톨리슨Robert Tollison이 1997년 실시한 연구에 따르면 그렇다. 연구자들은 1940년부터 1988년까지 빌보드 차트에서 1위를 한 912개의 노래를 조사한 결과 경기 호황에 따라 리듬과 템포, 멜로디가 더 흥겹게 변한다는 사실을 밝혀냈다. 또한 경기가 좋을수록 일단 1위를 하면 그것이 유지되는 기간도 더 늘어났다.

한국의 경우 경기 불황에 대한 걱정에 따라 2020년 여름임에도 불구하고 싹쓰리나 〈미스터 트롯〉에 출연했던 몇몇 가수처럼 이벤트 성격이 강한 노래 빼고 차분한 발라드가 큰 인기를 끈 것은 우연이 아니다.

2021년 12월 21일, 한국콘텐츠진흥원에서 공개한 음악 서비스 사용자 분석에 따르면 2021년에 가장 즐겨들은 음악 장르는 '발라드'였다. 전 연령대에서 가장 선호도가 높아 평균 61.0%의 점유율을 차지했다. '댄스'는 35.8%, 'OST영화, 드라마 등'는 21.1%였다. 트로트는 13.5%, 힙합은 13.0%였다. 트로트 열풍과 힙합의 대중화를 생각하면 발라드의 위세가 얼마나 확고한지 알 수 있다.

실제 카페에서도 확고한 댄스나 힙합 취향을 가진 젊은이가 모이는 곳을 제외하면 흥겨운 음악보다는 안정적인 발라드 같은 조용한 음악을 더 많이 튼다. 사람들은 카페에서 커피만 마시는 게 아니라, 마음을 위로받고 나누고 싶어 한다는 사실을 카페 주인장들도 알기 때문이다.

물론 카페에 갈 때 음악 감상을 주목적으로 하는 사람은 많지 않다. "배경 음악"이라는 말이 있을 정도로 분위기 배경으로 음악이 쓰인다. 하지만 앞에서 살펴봤듯이 음악은 사람의 마음을 변화시키는 주체다. 자신을 이해하는 사람과 함께하면 마음이 더 여유로워지고 커피 맛을 더 긍정적으로 느낀다. 마찬가지로 카페를 찾은 사람의 마음을 이해하는 메시지를 전달하는 음악은 커피를 더 맛나게 할 수 있다. 그래서 카페 운영자는 음악 선정에 예민하다.

카페 배경 음악, 공부에 도움이 될까?

사람을 만나 대화하기 위해서가 아니라 공부하기 위해 카페를 찾는 사람도 많다. 너무 조용한 도서관보다 오히려 적당한 음악이 있는 카페에서 더 공부가 잘된다는 사람도 많다. 실제로 심리학의 여키스-도슨 법칙Yerkes-Dodson Law에 따르면 아예 소음이 없을 때와 아주 소음이 많을 때보다 적당히 소음이 있을 때 수행이 가장 좋다.

한국에서 실시한 현보성의 2002년 연구에서도, 백색소음 조건에서 과제수행을 할 때 집중력은 47.7%, 기억력은 9.6% 향상되고, 스트레스는 27.1% 감소, 학습 시간은 13.63% 단축되는 것으로 나왔다.

그렇다면 음악은 어떨까? 호주의 정신과 의사인 존 다이아몬드John Diamond 박사의 1989년 연구에 따르면 하드 록 음악은 불협화음으로 뇌를 교란해서 비정상적인 신경 구조가 만들어져 기억과 학습 능력을 저해한다.

시카고대학의 앨런 블룸Allen Bloom 교수의 저서 《미국 정신의 종말》[7]에 따르면 클래식 음악처럼 안정적인 화음으로 된 음악은 뇌를 안정적으로 만들어 학습과 기억에 도움을 준다.

하지만 스위스 취리히대학의 루츠 잰케Lutz Jancke와 파스칼 샌드맨Pascale Sandmann의 2010년 연구처럼 배경 음악이 기억과 학습에 도움이 되지 않는다는 결과를 보여 주는 연구 결과도 많다. 그 이유는 음악을 접하기 전에 이미 당사자의 기분이 나빴다면 기억 수행이 나빠지기 때문이다. 긍정적인 기분을 느낀 상태였을 때 기억 수행도 나아진다.

만약 카페에서 공부해야 하는데 해당 공부 자체를 좋아하지 않는다면? 혹은 다른 일로 기분이 나쁜 상태로 카페에 들어왔다면? 기억 수행이 나빠지고, 그 결과 무엇을 공부했는지도 기억하지 못해 학습 효과도 나쁠 수밖에 없다. 기분 개선mood repair 과정 자체가 방해되기도 한다. 기분 개선은 기분이 나쁜 경우 자신의 기분을 좋게 하려고 대안을 찾는 과정이다. 예를 들어 하기 싫은 공부를 하기 전에, 자신이 좋아하는 영상을 유튜브에서 찾아본다. 그러면 기분이 좋아진다. 그런데 이게 또 문제다. 기분이

---

7. 이원희 옮김, 범양사, 1989.

좋아진 상태에서 기분을 나빠지게 하는 공부를 하려니 더 감정 격차가 느껴진다. 그러니 기분이 좋아지는 대안인 영상 보기에 매달린다. 원래 카페를 찾을 때 결심했던 공부는 그만큼 더 멀어진다. 그러니 학습 효과는 좋아지지 않는다.

카페에서 흘러나오는 음악을 듣고 기분을 좋게 해서 공부하겠다고 전략을 짤 때도 마찬가지다. 기분을 좋게 하는 음악에 더 신경 쓰고 공부 내용에는 덜 주의하니 학습 효과가 떨어진다.

몸이 너무 피곤하면 집중력은 떨어진다. 주변에 앉은 사람의 움직임이 많아 성가셔도 집중력은 떨어진다. 영어 공부하는데 한국어 노래 가사가 계속 나와도 집중력은 떨어진다. 장르적으로 음악 궁합이 자기와 맞는다고 해도 원래 기대했던 긍정적인 효과를 온전히 얻기 힘들다.

너무 얌전한 음악은 각성 수준을 낮게 해서 학습 대상에 집중하는 속도와 양을 늘리는 데 방해된다. 각성을 높이는 음악은 빠른 박자와 박진감 있는 리듬이 있어야 한다. 그런데 각성을 높인 다음에는 음악이 오히려 방해된다. 특히 5분마다 분위기가 바뀌는 현대의 노래는 더더욱 방해된다. 그래서 카페에서 공부해야 한다며 음악을 줄여 달라는 사람도 있다. 하지만 일단 각성한 상태니 곧 소음에 더 예민해지고 학습 효과가 떨어진다. 각성한 다음에는 학습 대상에 몰입할 수 있어야 한다.

음악의 화음에 주목하면 청각을 담당하는 우측 측두엽 활동이 활발해진다. 또한 인간의 사고를 담당하는 전두엽 역시 음악의 구조와 의미를 파악하기 위해 활성화된다. 즉 음악을 듣는 것만으로도 뇌의 자원을 쓴다. 그런 상태에서 낯선 학습 대상에도 뇌의 자원을 써야 하니 그만큼 부족해질 수 있다. 낯선 음악이어서 처음부터 어떤 음악인가 더 주의를 기울인 상황이라면 더더욱.

음악이 학습 내용과 궁합이 안 맞아도 문제다. 학습 내용이 속도감이 있는데 클래식이라면? 천천히 사유하면서 분석해야 하는데 흥겹다면? 고대 역사에 대한 내용인데 최신 댄스 음악이 나온다면? 학습하면서 연상하는 내용과 마음에서 준비하는 맥락이 일치하지 않아 방해를 받는다.

결국 카페에서 음악을 들으며 원하는 기억과 학습 효과를 거두려면, 기본적으로 공부하는 대상에 대해 긍정적인 기분을 갖고 있고, 몰입할 수 있어야 한다. 음악은 효과를 더 좋게 거들 뿐이다. 물론 엄청 많이. 그저 자기와 분위기 맞는 음악이 흘러나오는 카페에 간다고 학습 효과를 거둘 수 있는 것은 아니다.

참고로 신나게 수다를 떨 때 적당한 음악은 무엇일까? 장르보다 음량이 더 중요하다. 자신들의 대화가 옆 테이블에 있는 다른 사람에게 들리지 않을 정도의 시끌벅적한 노래면 된다. 수다를 떨 때는 평소보다 소리를 높여 말해서 스트레스가 풀리고, 수다가 멈췄을 때는 어색한 침묵을 가려 주고, 노랫말에 나온 특정 단어에서 연상된 화젯거리로 다시 수다를 이어갈 수 있으니 말이다.

물론 이런 음악은 공부하는 데는 좋지 않다. 심리학을 몰라도 경험상 이 사실을 아는 카페 운영자는 오랜 시간 앉아서 공부하는 사람이 많아 매출이 떨어져 장사할 맛이 떨어진다 싶으면 음악을 시끄럽게 바꾼다. 음악 궁합의 실제적 활용 사례.

2부

커피를 통해 더 넓은 세상으로

6.

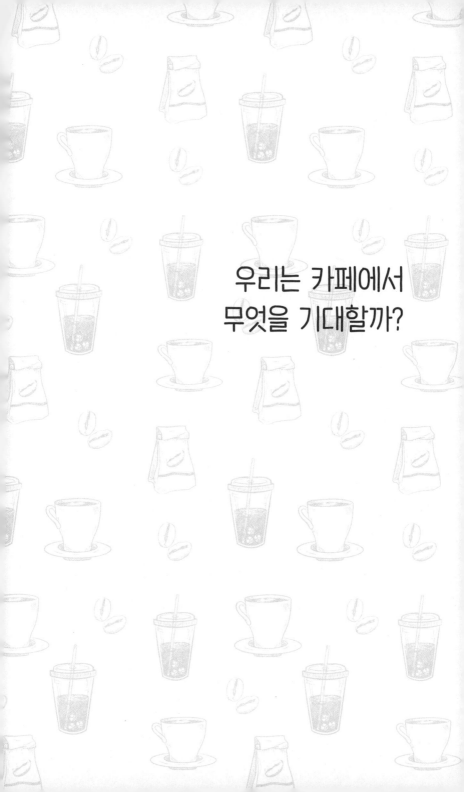

우리는 카페에서
무엇을 기대할까?

소통의 공간으로 카페가 시작되다

사람들은 갖가지 이유로 카페를 찾는다. 그저 카페인이 필요해서, 달달한 디저트를 먹으려고, 심심해서, 즐거워서, 외로워서, 누군가를 만나려고, 누군가와 헤어지려고, 일하려고, 쉬려고, 좋은 음악을 들으려고, 멋진 인테리어를 보고 싶어서, 기분 전환이 필요해서, 노트북과 스마트폰 충전을 해야 해서, 화장실을 가야 해서 등등.

현대의 카페는 이런 다양한 욕구를 가진 사람들을 응대하기 위해 준비한다. 카페 주인이 특히 주목하는 고객의 욕구가 무엇이냐에 따라 카페의 모습은 달라진다. 카페 주인은 자신의 취향도 있지만, 수익을 위해 고객의 욕구를 민감하게 포착해 카페 운영에 반영할 수밖에 없다. 뒤집어 말하면 어떤 카페의 모습을 보면 그곳을 오가는 고객의 가장 도드라지는 욕구를 볼 수 있을 확률이 높다.

그런데 옛날 사람들이 이용했던 카페는 어땠을까? 커피가 일찌감치 보급되었던 서아시아에서도 집에서 커피를 마셨지 밖으로 나와서 커피 마실 생각은 못 했다. 그러다가 1500년경 메카에 세계 최초 카페, 카흐베하네가 등장했다. 많은 사람이 카페를 이용했고, 여성은 커피를 핑계로 카페로 외출할 정도였다. 카페 문화는 그 후 널리 퍼져 이집트, 시리아 등을 거쳐 유럽 접경인 터키로 전해졌다. 1554년 콘스탄티노플현재 이스탄불에 카페가 생겼고, 1645년에는 유럽 최초로 이탈리아 베네치아에 카페가 생겼다. 그리고 1650년 옥스퍼드대학에 카페가 열렸다. 미국에서는 1670년 '런던 커피하우스'와 '거트리지 커피하우스'가 생겼다. 프랑스에서는 1686년 이탈리아 출신인 사람이 '카페 르 프로코프'를 만들었다.

당시에 집에서 손님을 맞을 만한 여건이 안 되는 사람들은 손님 접대를 위해 카페를 이용하기도 했다. 상인들도 회의를 위해 카페를 찾았다. 당구를 치거나 심심풀이 보드게임을 하고 싶은 사람도 카페를 찾았다. 그리고 다양한 사람이 북적이는 카페 한 구석에는 예술가와 학자도 있었다. 그리고 그들을 동경하는 예술가 지망생과 새로운 세상을 꿈꾸며 다른 사람들과 소통하려고 찾는 사람까지 있었다. 여기에 이들을 상대로 매매춘하려는 사람, 노름꾼, 사기꾼이 작업하기 위해서 찾기도 했다. 카페는 그 사회의 상황과 다양한 사람들의 삶을 들여다볼 수 있는 곳이었다. 하나의 사회 축소판이었다.

지금도 다양한 사람들이 카페를 찾으니 눈여겨보면 별반 다르지 않다고 생각할 수도 있다. 하지만 빅토르 위고의 《레 미제라블》에 나오는 것처럼 프랑스 혁명가들이 일반 카페를 아지트로 쓰는 모습을 현대에서 보기는 힘들다.

현대에는 카페에서 옆 테이블의 낯선 사람과 사회적 주제로 토론하기보다는 낯선 사람을 힐끗거리며 관찰하는 경우가 더 많다. 그런데 원래 카페 풍경이 이랬던 것은 아니었다. 카페 르 프로코프를 찾아 커피를 마시며 격론을 벌이던 볼테르와 루소의 넘쳐나는 일화를 봐도 그렇다.

그런 위인들만 토론을 즐겼던 것이 아니다. 일반인들도 카페에서 토론을 즐겼다. 혹은 누군가 토론하는 것을 귀 기울여 듣기도 했다. 근대가 되면서 귀족 계급이 아닌 상공업에 종사하는 계층도 교육을 받게 되었다. 그리고 교육은 생각을 키웠다. 달라진 생각은 기존 사회 시스템을 의심하게 했고, 그 의심에 대한 답을 찾기 위해 서로 모여서 소통할 곳이 필요했다. 그때 등장한 것이 바로 카페였다.

단숨에 목구멍 안으로 털어 넣는 술이나, 귀족이 격식을 차리며 여유를 즐기는 모습이 연상되는 차를 카페에서 주로 마시지는 않았다. 자신들처럼 새롭게 등장한 음료인 커피를 음미하면서 세상을 천천히 따져 보는 것이 자신들에게 더 맞는 듯한 기분이 들었을 것이다.

옆 테이블의 낯선 사람들과 이야기를 나눌 정도로 정보 소통에 민감했던 당시 사람들을 보고 영국의 카페 주인이었던 에드워드 로이드는 묘안을 떠올렸다. 여느 카페처럼 노름꾼과 사기꾼과 호색한이 득실대기는 하지만, 정보를 소통하려고 자신의 카페를 찾는 고객인 상인과 해운업자, 보험 관계자들을 위한 서비스를 하면 고객의 욕구를 충족시키지 않을까 생각했다. 그리고 특별 정보 소식지를 만들었다. 그러자 더 많은 상인과 해운업자와 보험 관계자가 카페에 몰려들었다.

정보가 더 많이 모여서 소식지는 더 좋아졌다. 그렇게 신뢰를 얻은 카페는 나중에 세계 최고의 보험회사인 '런던 로이드 회사'가 되었다. 카페는 그저 즐기는 곳이 아니라, 커피 한 잔 값으로 자신에게 도움이 되는 다양한 지식을 얻을 수 있는 곳이었다. 그래서 값싼 등록금의 대학이라는 뜻으로 '페니 대학penny university'이라는 말도 생겼다.

세계 최초의 카페가 생긴 서아시아에서 점잖은 표현으로 메크텝 이 이르판Mekteb-i-irfan, 즉 '교양인들의 학교'라고 한 것과 마찬가지로 세계 곳곳에서 카페는 중요한 역할을 담당했다.

카페와 다방, 이름을 넘어선 차이

다양한 사람이 은밀한 욕망을 추구하고 지식을 소통하고자 한 공간이라는 카페 개념은 먼 유럽의 이야기만이 아니다. 1902년 손탁 호텔의 레스토랑을 찾은 국내외 인사들은 커피를 마시며 정보를 교류했다. 1909년 일본이 손탁을 추방하고 남대문 역에 깃사텐喫茶店을 열면서 정보 교류가 차단되고 일본 입맛에 맞는 사업이 펼쳐졌다. 1920년대에는 여성 접대부를 두고 술을 마시고 춤을 추는 곳을 카페라고 부르며 돈벌이에 나섰다.

하지만 나라를 잃은 조선의 지식인들은 프랑스 혁명에서 거리로 나와 시위하며 바스티유 감옥 습격을 주도한 사람들이 모였던 '카페 푸아'와 미국 독립 혁명을 모의했던 사람들이 자주 드나들던 카페 '그린 드래건'이 담당했던 것처럼 당시 지식인들이 찾던 카페의 역할을 알고 있었다. 그래서 자신들이 찾던 곳은 일본인들이 만든 카페와 다르게 다방이라고 불렀다. 대표적인 것이 1927년 서울 안국동에 영화감독 이경손이 조선인 최초로 만든 '카카듀'다. 이경손은 항일의식의 거점으로 자신의 카페를 활용하다가 나중에는 상하이 임시정부에 합류했다. 이처럼 한국의 카페는 지금의 카페와 모습이 사뭇 달랐다.

시인 이상도 '제비', '무기' 등 계속 실패해도 다방을 열었다. 그리고 그 속에서 지식인과 일반인들이 사상과 정보를 교류할 수 있도록 했고, 자신도 그 분위기에 녹아들었다. 일본인과 친일파는 그런 다방에 가지 않고 미쓰코시 백화점에 있는 카페를 찾았다. 조선인이 다방이라고 부른 곳이 카페고, 일본인이 카페라 부른 곳은 카바레에 더 가깝다는 것은 아이러니하다. 그리고 지금은 다방이라고 하면 오히려 더 음침하거나 퇴폐적인 곳이 떠오르는 것도.

일제 강점기에서 벗어나면서 지식인만이 아니라 더 많은 일반인이 커피와 다방 문화를 접하게 되었다. 그러면서 카페 개념을 차별화하려고 1956년 지금의 서울 동숭동 대학로에 '학림다방'이 문을 열었다. 이름부터 '학림學林', 즉 '배우는 사람, 배운 사람인 학생, 학자 혹은 지식인이 모이는 곳'이었는데, 그곳에서 진지

한 토론이 오가는 경우가 많았다. 1960년 4·19혁명 즈음해서 그 불씨를 댕긴 곳 중 하나도 학림다방이었으니 유럽과 미국 등의 사례와 아주 비슷하다.

1960년대 카페에서는 외국 문물에 호기심이 많은 사람을 위해 팝송이 주로 흘러나왔다. 고가였던 전축을 살 수 없었던 사람들은 음악을 듣기 위해 카페를 찾았다. 당시 명동에 있던 '심지다방'의 좌석은 400석이나 되었다. 직접 가수들이 무대에 올라 라이브로 음악을 들려주는 '쎄시봉' 같은 카페도 생겼다.

카페 경쟁이 심해지자 손님을 끌기 위해 여성을 이용했다. '마담'과 '레지'가 하나의 직업으로 생긴 것이다. 예전에도 공초 오상순[8]이 살다시피 했던 '청동다방'이나 '모나리자'처럼 여성이 주인 혹은 서빙을 하던 카페는 있었다. 하지만 1970년대 이후에는 그 양상이 달라졌다. 여성의 성을 상품화하는 일본 식민지 시대의 카페 문화가 생겨 버렸다.

한편에는 여전히 음악 중심의 다방이 있고, 다른 편에는 이른바 티켓을 끊고 레지와 성을 매매하는 다방이 우후죽순으로 생겨나서 1978년 다방은 전국 10,752곳에 달했다. 이후 1982년 전두환 정부가 국민 우민화를 하기 위한 3S 정책[9] 시행과 함께 야간 통행 금지가 해제되면서 심야다방까지 성업하게 되었다.

---

8. 嗚相淳, 시인, 1893~1963. 1920년 《폐허(廢墟)》의 동인으로 문단에 나와 초창기 시단(詩壇)의 선구자가 되었다.
9. 대중을 영화(screen), 스포츠(sports), 섹스(sex) 분야에 관심을 두게 유도하여 정치에 무관심하게 하려는 정책.

1987년 커피 수입 자유화 조치를 통해 달달한 다방 커피와, 그 다방 커피를 흉내 낸 커피믹스에서 벗어나 1988년에 '쟈뎅'이 개업하면서 원두커피 전문점 시대가 본격화되었다. 그리고 1998년 국내 프랜차이즈 커피 전문점, 할리스가 문을 열었다. IMF 체제로 오른 환율 때문에 저렴한 생두를 직접 볶아 파는 로스터리 카페가 생겨나기 시작한 것도 이때쯤이다. 그 이후 다양한 브랜드의 커피 전문점과 각기 다른 로스팅으로 차별적인 맛을 내는 전문점, 스페셜티 원두로 경쟁하는 현재에 이르고 있다. 그리고 각각의 대형 프랜차이즈 커피 매장에서는 자신의 브랜드가 찍힌 컵, 텀블러 등 갖가지 제품을 팔고 있다.

카페에 앉아 있는 사람들의 네 가지 심리

여기서 잠깐. 지금까지 흐름을 다시 정리해 보자. 사람들과 감성적 지적 의지적 소통을 강조하던 다방 문화가 음악을 듣는 문화 공간이 되었다가 카페 안의 손님을 대상으로 한 퇴폐 영업소로 변하더니 어느덧 카페에 있는 사람들과의 관계가 아닌 원두 재료와 기술적인 것이나 텀블러 구매 등이 주된 관심의 대상인 소비 공간으로 비중이 변했다. 이런 변화 속에서 카페의 의미도 변했다.

현실부터 살펴보자. 일반적으로 카페에 가서 옆 테이블 사람을 살짝 훔쳐보기는 해도 이야기라고 할 만한 것을 나누는 경우는 거의 없어졌다. 서로를 어떤 가치를 지니는 목적적 존재가 아니라, 자신이 편의를 즐기는 데 끼어있는 대상이나 풍경, 심지어는 관음적 욕망 충족의 도구로 본다. 바리스타도 내가 마실 음료를 만들어 주는 도구적 존재이지 굳이 소통의 대상이 아니다. 함께 있기는 하지만 함께하지는 않는 것이 오늘날 일반적 카페의 풍경이다. 그 속에서 소통이 아닌 고립감은 더욱 극대화된다. 그리고 그 고립감이 익숙하다는 이유로 편하게 여긴다.

사르트르는 타인의 시선에 갇힌 이 세상에서 필연적으로 고통받으며 결국에는 혼자일 수밖에 없다고 주장했다. 하지만 그는 밤마다 카페를 찾아 커피를 즐겼다. 근대 철학자의 이 모순된 행동은 혼자 카페를 찾는 현대인에게서도 찾을 수 있다. 타인과 함께하는 것은 힘들지만 타인이 필요하다. 그래서 SNS를 통해서라도 타인과 함께하려는 사람이 많다.

사르트르는 "타인은 지옥이다."라고 했다. 타인과 내가 관계를 맺으며, 끝내 이해할 수 없는 타자의 내면을 이해하려고 노력하면서 그 관계에 얽매이면 실존은 황폐해진다. 나 자신이 유일하게 존재할 때 '나'는 절대적인 주체가 된다. 하지만 나와 똑같이 절대적인 주체성을 가진 타인을 만나 관계를 맺을 경우, 타인의 시선에 의해 절대적인 존재로서의 자기는 허물어진다. 자기 자신이 객관화되고 정형화됨으로써 타인의 세계 속에서 나름대로 정의된 비주체적인 하나의 대상이 된다. 그러면서도 인간은 절대로 타인을 위한 객체로 존재하기보다는 언제나 주체이기를 원한다. 서로가 대상화되지 않고 주체가 되려는 투쟁이 시작된다. 하지만 사회 속에서 살아야 하는 인간인 나는 타인이 나에게 존재 근거를 부여해 주는 필수 불가결한 매개자이기도 하다.

예를 들어 타인인 아내가 나에게 "좋은 남편"으로서의 존재를 이야기하고, 나도 내 나름대로 정의한 "좋은 남편"이 되기 위한 노력을 한다. 이렇듯 타인이 나에게 부여한 모습과 나 자신이 놓인 그대로의 모습을 결합함으로써 자기 실존을 이룩할 수 있다고 사르트르는 주장했다. 하지만 아내의 내면에 있는 "좋은 남편"이 무엇인지 나는 완전하게 이해할 수 없다. 내 내면의 정의도 불확실하다. 그래서 결합을 통해 실존을 완성하는 것은 거의 불가능하다. 이럴 때 사람들은 네 가지 중 하나의 태도를 보인다.

첫째, '마조히즘적 태도'다. 쉽게 말해 다른 사람에게 인정받기 위해 자신의 마음을 포기하는 것이다. "좋은 남편"이 되기 위해 판단의 주인으로서의 타인을 인정하고 노예의 길을 걷는 것처럼. 그런데 이 길이 행복할까? 노예로서의 삶은 결국 자유가 없고, 계속 눈치를 봐야 하므로 수치심을 느끼게 되어 있다. 카페를 찾은 사람 중에도 "아무거나 주세요." 혹은 "알아서 주세요."라고 말하는 사람이 있는데, 선택이 귀찮아서 그런 경우도 있겠지만 평소 마조히즘적 태도가 습관화되어 그러는 예도 있다.

두 번째, '사디즘적 태도'다. 내가 주인이 되고, 상대를 나의 노예로 객체화하는 태도다. 그런데 이것 역시 문제가 있다. 왜냐하면 타인이 내 행동을 인정하지 않으면 주인으로서 내 지위도 잃게 되기 때문이다. 노예의 의지에 달린 주인? 이것이 진정 자유로운 주인으로서의 삶을 사는 사람의 모습일까? 어떤 사람이 카페에 들어와서 아메리카노를 시킬 때 "포샷을 리스트레토로 끓여서 주시되 물의 온도는 72℃로 해서 섞어 주세요."라고 강압적으로 주문했다고 하자.

그런데 바리스타가 손님의 그런 태도가 재수 없다며 뒤에서 그냥 자기 맘대로 해서 내놓고, 그것을 모르고 마시면서 "역시 내 취향대로 시켜서 마시니 좋군."이라고 한다면? 자신이 주인이 된 듯하지만 노예처럼 대한 직원이 손님의 명령에 따르지 않으면 원하는 것을 얻을 수 없는 현실을 왜곡하며 "정신 승리"할 뿐이다. 자신이 끝까지 감시하고 통제하는 것도 그만큼 노력해야 하고, 스트레스를 받는 일이다. 이게 진정 자신이 생각하는 주인 된 자세일까?

세 번째, '무관심적 태도'다. 타인을 주인으로서나 노예로서나 인정하는 게 문제가 된다면 아예 관심을 두지 않는 것을 그나마 문제해결 방법으로 생각하면 이런 태도를 보이게 된다.

그러나 애초에 관계를 맺지 않았다면 모를까, 타인의 존재를 인식하는 상태에서의 무관심은 문제해결 방법에 있어서 태생적 한계가 있다. 상황에 따라 좀 더 효과적인 대안이 될 수 있을 뿐이다. 궁극적으로 항상 "좋은 남편"은 될 수 없어도 친정 문제에 대해서는 모르는 척 넘어가 주는 "좋은 남편"이 될 수 있지만, 집안일을 무시하면 "나쁜 남편"으로 바로 정의되는 상황이 어쩔 수 없는 것처럼.

예시를 바꿔 보자. 카페에 있는데 동네에서 얼굴을 익힌 사람이 옆 테이블에서 싸움하는 것을 무관심하게 보고 넘기면 어떨까? 그게 진정 관계를 고려한 좋은 문제해결일까? 아닐 것이다.

네 번째, '연극적 태도'다. 연극배우처럼 타자가 나를 보는 이미지대로 자신을 맞추어서 연기하려는 태도다. 만약 상대가 "좋은 남편"으로 나를 본다면 그것에 맞춰 행동하면서 내면의 편안함을 추구하는 것이다. 카페에 들어가서 다른 사람들이 나를 풍경으로 본다면 그것에 맞춰 내가 어떤 주체가 아닌 것처럼 행동하는 것으로 편안함을 누리는 것처럼. 이 태도에는 상대나 나 모두에게 진정한 내면의 본질이 없다. 상대방이 가진 이미지와 그것에 맞추려는 내 노력만 있다.

연극적 태도를 버리고 반대로 행동한다면 어떨까? 알베르 카뮈의 《이방인》에 그 모습이 아주 자세히 나와 있다. 주인공 뫼르소는 다른 사람들이 생각하는 이미지를 따를 마음이 없다. 어머니의 장례식장에서 으레 기대되는 슬픈 표정 따위도 짓지 않는다. 뫼르소는 단지 자기 내면의 감정과 생각에만 집중한다. 장례식 다음 날 여자친구와 데이트도 신나게 한다. 물론 이것 역시 사회적 삶을 사는 데 문제를 보인다.

결국 네 가지 태도 모두 문제가 있다. 그렇다면 어떻게 해야 주체로서의 자기를 지키면서 소통할 수 있을까? 그 답을 마르틴 부버Martin Buber에게서 찾을 수 있다. 부버는 사람들이 서로를 '그것'이 아닌 '너'로 대할 때만 진정한 의미의 소통을 하는 공동체가 될 수 있다고 했다. 서로 끊임없이 대화해야만 소통인 것은 아니다. 의미 있는 경험을 공유하는 것도 소통이다.

목이 마를수록 물을 더 열심히 찾듯이, 소통이 부재할수록 소통을 더 찾는 사람이 늘고 있다. 이 결과 최근에는 회원제로 특정 프로그램을 운영하며 살롱 문화를 전파하는 카페가 증가하고 있다.

어떤 모임을 통해 같은 목표에 매진할 수 있다면 그 공동체를 구성하는 개인들은 더 이상 개인으로서 외롭게 투쟁하듯이 시간을 보낼 필요가 없다. 공동의 목표를 성취하기 위해 협력하고 공감하고 대화한다. 그 경험은 직장이나 가정에서 얻는 경험과는 다르다. 그리고 실패했을 때의 부담감도 덜하다. 그래서 카페에서 소통을 경험하려고 모이는 사람이 늘고 있다.

만약 이런 트렌드가 더 퍼진다면 어떻게 될까? 일제 강점기에 퇴폐적인 유흥을 위해 친일파가 주로 찾았던 카페나 산업화 시대의 다방 문화를 지금은 이상하게 여기는 것처럼, 단순히 카페인이 필요하거나 인테리어 구경을 하거나 라테아트 사진을 SNS에 올릴 목적으로 카페를 들르는 것을 이상하게 여기지 않을까? 함께 있지만 서로 고립된 감정으로 고통받는 내면을 숨기며 쿨한 척 노트북과 스마트 기기에 집중하는 상황을 답답해하지 않을까?

현대의 카페가 진정 추구할 길은 사람들과의 소통 공간일까? 문화 공간일까? 소비 공간일까? 현재에 비중을 놓고 보면 우리의 삶이 보인다. 그리고 부족한 것을 더 채우기 위한 앞으로의 삶의 변화도 보인다. 문화 공간은 전시회장, 문화센터와 겹친다. 소비 공간은 백화점과 마트 등과 겹친다. 소통 공간으로서의 카페는 어떤가? 오프라인 카페는 그 의미가 많이 변했지만, 온라인에서 공동체를 만들면 카페라는 말을 자연스럽게 쓰고 있지 않은가? 사람들이 여러 사람이 모인 공간에서 으레 기대하는 것이 소통이라면, 카페는 앞으로 소통을 강조하는 곳으로 변신해야 하지 않을까? 카페를 찾는 손님과 그 손님을 맞는 주인 혹은 직원부터.

배경 같던 타자가 소통의 상대가 되는 순간

2014년 미국 시카고대학 심리학과의 니컬러스 에플리Nicholas Epley와 줄리아나 슈레더Juliana Schroeder 박사는 기차역에서 실험을 했다. 90분 정도 떨어진 목적지까지 홀로 가야 하는 118명의 승객을 임의로 네 집단으로 나누고 여행 만족도에 대해 질문했다.

첫 번째 집단의 사람들에게는 가는 동안 옆 사람과 대화하지 않고 그냥 갈 때를 상상해 보게 한 다음 그 상황에 대한 만족도를 물었다. 두 번째 집단의 사람에게는 옆 사람과 대화하는 상상을 하게 한 다음 만족도를 물었다. 세 번째 집단의 사람에게는 옆 승객과 실제 대화 없이 90분 정도의 기차를 타게 한 후에 만족도를 물었다. 네 번째 집단의 사람에게는 옆 승객과 대화하게 한 후에 만족도를 물었다. 네 집단 중 가장 만족도가 높게 나온 집단은 어느 쪽일까?

네 번째 집단이었다. 심리학자가 아니어도 대부분 사람은 심심하게 있는 것보다는 당연히 즐겁게 대화하는 것이 좋다고 생각한다. 생각뿐만 아니라 실제 대화하고 나서 만족하기도 한다. 이 글을 읽는 여러분 중에서도 여행 중 낯선 사람과 이야기를 나눠서 즐거웠던 경험이 한 번쯤은 있을 것이다.

그렇다면 이상하지 않은가? 대화가 즐겁다는 생각도 있고, 직접 그렇게 행동했을 때 좋았던 경험이 있어도 현실 속에서 기차를 탔을 때 옆 사람에게 기꺼이 말을 거는 사람은 많지 않다.

기차뿐만 아니라 카페에서도 마찬가지다. 2016년 스포츠 심리학자 앤드루 파Andrew Parr와 기타 강사인 트리스탄 데 몬테벨로Tristan de Montebello는 재미있는 심리 연구 주제를 생각해냈다. 그 주제는 바로, 카페에 가면 뭔가 바쁘게 일하는 것처럼 보이는 사람이 대체 무슨 일로 바쁜지를 알아보는 것이었다.

그런데 연구자들 스스로 심리적 장벽이 있었다. 낯선 실험자가 바쁜 사람에게 물어보면 "당신이 상관할 바가 아니잖아요."라고 하거나 미친 사람 취급을 받을 것 같았다. 평소 카페에 가서 낯선 사람과 이야기하는 경우가 많지 않으니 말이다. 혹은 연구자 자신들이 누군가 낯선 사람에게 말을 거는 모습을 보고 '저 사람 참 성가시게 하는구나.'라거나 '뭔가 꿍꿍이가 있어서 접근하는 것'이라고 생각했기 때문일 수도 있다.

하지만 궁금함이 두려움을 이겼다. 연구자들은 직접 낯선 사람에게 다가갔다. 아니다. 처음에는 다가가다가 자기 자리로 돌아왔다. 예상되는 상대방의 차가운 반응을 감내할 자신이 없었다. 둘은 폭탄 돌리기 게임을 하는 어린애처럼 실랑이하다가 결국 파가 나섰다. 그 결과는 어떻게 되었을까? 여러분이라면 연구자인지 사기꾼인지 모를 낯선 사람에게 어떻게 반응했을까?

놀랍게도 95%의 사람들이 상냥하게 자신이 하는 일을 이야기했다. 지금 카페에서 하는 일뿐만 아니라, 자신의 직업과 생활에 관해서까지 이야기하는 사람도 있었다. 그리고 응답자의 88%가 공통으로 해 준 말이 하나 있었다.

"저도 다른 사람이 무얼 하고 있는지 정말 궁금했어요."

그리고 재미있는 실험이라며 연구자들을 격려하기도 했다. 응답자의 60%는 연구 결과가 나오면 링크를 보내 달라며, 읽어 보고 싶다고까지 했다.

미국이니까 가능한 일이라고 생각할 수도 있다. 하지만 사람의 왕래가 뜸한 남양주 외진 묘적사 계곡 옆과 사람들 왕래가 잦은 서울 경복궁 옆에서 카페를 운영하며 직접 봤던 상황은 이 연구자들의 경험과 별반 다르지 않았다. 처음 카페에 들어오자마자 대뜸 서로 말을 걸고 대화를 시작하는 것은 아니다. 처음에는 누구나 다른 사람에게 말을 거는 것을 꺼린다. 그런데 카페의 인테리어 소품, 카페 주인이 한 말, 음료의 맛, 신메뉴 추가 등 일단 카페 상황에 맞는 말문이 트이면 이야기가 오가게 된다. 긍정적으로.

그냥 자신이 돈을 내고 즐기러 온 카페에 배경처럼 늘어서 있던 '사물'이 생생한 감정과 재미있는 이야기를 가진 '사람'이 될 때의 놀라움과 즐거움은 모두의 행복을 위해 좋다. 인간관계를 갖는 이유도 사람이 주는 행복감 때문이니까. 이것은 굳이 심리학자가 아니더라도 알 수 있다. 그런데 기차 안에서나 카페 안에서 대화를 기꺼이 먼저 제안하는 사람이 많지 않다. 이것 역시 굳이 심리학자의 실험이 아니어도 알 수 있다.

즐거운 소통을 막는 몇 가지 본능

왜 이런 것일까? 첫 번째 이유는 두려움이다. 타인의 심리 상태를 내가 정확히 알 수 없다는 인식에서 오는 두려움. 그런데 정확히 알 수 없는데 왜 하필 부정적인 추측을 하는 것일까? 타인이 호기심을 갖고 자신과 즐거운 대화를 할 수 있다는 상상은 왜 하지 않는 것일까? 그것은 인간의 뇌는 행복을 목적으로 진화된 것이 아니라, 생존을 목적으로 진화되었기 때문이다.

낯설지만 좋은 사람을 만나 행복한 대화를 못 하면? 불행하다고 생각할 수도 있지만 사실은 그 사람을 만나지 않아도 최소 현재의 삶이 유지가 된다. 즉 생존할 수 있다. 그런데 낯선 나쁜 사람을 만나 위험한 상황에 빠지면 현재의 삶이 유지되지 않는다.

인간은 선택할 때 나름의 계산에 의해 일정한 패턴을 보인다. 이익보다는 손실에 더 신경 쓰며, 어떻게든 손실에서 벗어나려고 한다. 이것을 '손실 혐오'라고 한다. 여러분에게 친구가 동전 던지기 게임을 제안했다고 하자.

"앞면이 나오면 2만 원을 받고, 뒷면이 나오면 만 원을 줘야 해."

여러분이라면 어떻게 할까 생각해 보자. 노벨 경제학상을 받은 심리학자인 카너먼 박사의 연구에 참여한 사람의 90%는 이 게임을 시작조차 하지 않았다. 확률적으로 동전 던지기는 앞면과 뒷면이 나올 확률이 각각 절반인데, 기댓값은 앞면이 나올 때가 더 크다. 즉 두 번 돈을 줘도 한 번만 따면 손해는 보지 않는다. 계속 게임을 반복할수록 이익을 얻을 확률이 높다. 그런데도 만 원을 줘야 한다는 손실이 커 보여서 피하게 된다. 만약 첫판에서 뒷면이 나와서 만 원씩 준다면? 이런 상상을 하자마자 합리적 계산을 할 여유가 없어진다. 손실이니 빨리 피해야 한다고 생각한다.

똑같은 만 원이라고 해도 길 가다 주운 만 원의 가치보다, 길에서 실수로 잃어버린 만 원의 가치가 커 보여 더 후회하는 게 사람이다. 심지어 만 원을 잃었다가 다시 다른 사람이 떨어뜨린 만 원을 길에서 주웠을 때까지도 잃어버린 만 원에 대한 아쉬움이 남을 정도로 말이다. 이런 선택 성향 때문에 낯선 사람과의 대화를 통해 입을 손실에 민감해져서 피하게 된다. 만약 인간이 손실 혐오가 아니라 이익 선호 성향이 더 강했다면 모험적인 도전을 많이 할 것이다. 즐거움을 줄 수 있는 낯선 사람과의 대화를 포함해서.

두 번째 이유는 대화에 대한 기대 자체가 없기 때문이다. 테이크아웃하는 손님들이 카페 주인이나 손님 간에 서로 긍정적인 대화라고 할 만한 것을 나누는 경우는 거의 없다. 빠른 주문 응대와 서빙에 대한 기대만 있다. 그런 기대에 대화는 즐거움이 아니라 성가심이다.

기대하지 않는 것은 프랜차이즈 중심의 한국 카페 문화 탓도 있다. 매뉴얼대로 움직여야 하는 프랜차이즈 카페에서도 손님 간의 대화를 권장하는 항목 같은 것은 없고, 직원 자신의 경험도 적다 보니 손님들도 흥겨운 대화를 기대하지 않는다. 차라리 기차 여행을 할 때 옆자리에 이상형에 가까운 사람이 타지 않을까 하는 기대가 더 크다.

개인사업자들이 각자의 특색에 따라 카페를 운영하는 북유럽과 달리, 한국은 프랜차이즈의 표준화된 서비스에 고객도 익숙해져서 낯선 사람을 만나 흥미 있는 이야기로 대화를 나누기가 힘들다. 공급이 없으니 수요도 자극받지 않는다. 프랜차이즈도 매장마다 특색을 부여해서 다른 콘셉트로 구성하려 하지만 아직 고객의 기대를 새롭게 바꿀 정도는 아니다.

세 번째는 '비대칭적 통찰의 착각' 때문이다. 이 개념은 "비대칭적"이 이해의 포인트다. 사람들은 다른 사람이 자신에 관해서 아는 것보다 자신이 다른 사람에 관해서 알고 있는 것이 더 많다고 생각한다. 즉 통찰이 내 쪽이 더 많은 비대칭이다. 너무도 당연하다. 다른 사람보다 나에 대해서 더 많이 생각하고 더 많이 관찰하고 무슨 일이 있었는지 직접 경험까지 했으니 말이다. 그런데도 자기가 자신을 잘 아는 것은 자신이 상대방보다 더 큰 통찰력이 있기 때문이라고 착각한다. 이것이 바로 비대칭적 통찰의 착각이다.

'아, 저 사람은 저런 인간이겠군. 딱 보면 알아.'

이렇게 통찰력을 발휘한다. 직접 대화하지도 않았고 관찰 시간도 길지 않았는데 단언한다. 그리고 굳이 대화하지 않으려고 한다. 자신이 믿는 통찰의 결과를 지킨다. 딱 보고 굳이 이야기를 나누고 싶게 매력 넘치는 사람이 얼마나 되겠는가. 자신이 사귄 친구들도 사실은 그렇게 첫눈에 사람을 사로잡는 매력덩어리들이 아니라, 시간을 들여 대화하고 함께 경험을 나누며 진심을 확인한 것인데도.

네 번째는 프레임 때문이다. 역사적으로 보면 카페는 애초에 사람들의 소통 공간이었다. 시대 변화에 따라 다른 역할이 더 부각되었다. 커피를 소비하는 공간, 분위기를 소비하는 공간. 소비의 공간이라는 프레임에서는 소통의 공간이라는 생각이 스며들 수가 없다. 내 돈 가지고 백화점에서 내가 원하는 물건을 사는데 굳이 왜 소통해야 할까 하는 생각이 드는 것처럼. 그런데 이렇게 소비 공간으로서의 프레임을 짜면 누구에게 가장 이익일까? 돈을 쓰는 고객의 입장이라고 생각하기 쉽지만, 돈을 버는 카페의 입장에서 더 이익이다. 그래서 소비 공간으로서의 프레임을 먼저 깨려고 하지 않는다. 고객의 요구에 맞춰 주거나, 새로운 특색을 보여 주기 위해서 소통의 기회를 열기는 하지만.

다섯 번째 이유로 개인적 성향 탓도 있다고 생각할 수도 있다. 가족끼리도 딱히 할 말이 없어 입을 닫고 사는 사람은 굳이 낯선 사람과 이야깃거리를 찾아가면서 대화할 필요성을 느끼지 못한다.

하지만 카페에 있는 사람이 다 개인적 성향 때문에 입을 닫는 것은 아니다. 그 카페의 규범이 대화를 좋아하지 않는다는 이미지를 주기 때문이다. 외국 드라마나 영화에 나오는 것처럼, 직원과 손님이, 혹은 손님끼리 이야기를 허물없이 나누는 장면이 어떤 카페에서 벌어진다면 굳이 혼자만 입을 닫고 있지는 않을 것이다. 옆 사람이 뭔가를 물어볼 테니까.

카페에서 서로 이야기 나누는 상황 자체를 떠올리는 것만으로도 짜증이 밀려온다면 그것은 개인적 성향 탓 맞다. 그런데 그런 개인이 많다면 그것은 사회적 성향 탓이기도 하다. 공동체로서의 경험이 적은 대신에 경쟁과 우월성에 더 민감하게 만든 사회적 성향. 낯선 사람을 만나면 나이, 지역, 학벌, 능력, 경제적 계급을 따지는 게 당연하게 만든 사회적 성향 말이다.

일단, 심심함에서 벗어나 보자

카페에서 대화를 나누자고 해서 프랑스 혁명 즈음에 있던 격한 토론이나 삼국지에 나오는 도원결의 장면을 연출하자는 것은 아니다. 그저 상대가 사람이고, 나도 사람인 것을 느낄 수 있는 이야깃거리를 나누면 된다. 정치적인 이야기로 포문을 열기보다는 누구나 중립적인 날씨 이야기를 할 수도 있다. 인테리어 소품을 보고 느끼는 감정이나, 비슷한 물건과 연관된 추억을 이야기해도 좋다.

사람은 저마다 다른 특성이 있다. 하지만 비슷한 특성도 갖고 있고, 비슷한 경험을 할 가능성도 크다. 그것부터 공략하는 게 좋다. 낯선 사람과 비밀을 공유하는 식으로 친해질 필요는 없다. 비밀은 친해진 다음에나 나누는 것이다. 카페에서 만난 사람과는 우연히 발견된 공통점에 대해서 이야기하면 된다. 그 정도만 해도 된다. 그래도 혼자 심심하게 있던 것보다는 훨씬 낫다. 잃는 것은 실제보다 더 크게, 얻는 것을 실제보다 더 낮게 보는 편향에서 벗어나면 진정 자신의 행복을 위한 선택이 무엇인지 더 잘 보게 된다.

카페에서 이미 일행과 즐겁게 대화하는 중에 다른 사람과 대화를 하자는 것은 아니다. 일행과의 대화가 시들해지거나, 애초에 혼자 가서 심심하게 있을 때 한번 시도해 보자는 것이다. 상대방도 여러분 자신과 비슷한 상태일 가능성이 있다. 대화의 시작은 너무 감정적으로 하지 않으려 노력해야 한다.

"아, 저기 벽에 있는 그림은 돌아가신 우리 아버지가 좋아하시던 화가의 것이에요."

이 말을 울면서 하는 사람을 보며 대화에 참여할 사람은 없다. 그래서 특정한 예술적 취향이나 연애 취향과 상관없이 무난한 주제인 날씨 이야기를 주로 하는 것이다. 너무 감정적이지 않으면서도 자신의 감정 상태와 생각을 드러낼 수 있는 화제로 날씨만큼 좋은 소재가 없다.

"비가 제법 오네요."

혼잣말하듯이 조그만 카페에서 이렇게 말하면 주인이나 손님이 반응하는 경우가 많다.

"그러게요."

"저는 비 오는 때가 좋아요."

"어, 저는 비 오면 우울해져서 별로예요."

이렇게 정반대 성향이 나오게 되면 대화가 끝나고 어색해지리라 생각할 수 있다. 하지만 그때는 이런 식으로 또 이어나갈 수 있다.

"저랑 친한 친구도 비 오면 우울해진다고 싫어하더라고요. 그래서 비 오면 제가 일부러 전화해서 안부를 묻곤 했어요."

내가 싫어하는 사람이 싫어하는 것에 관한 이야기가 아니다. 친한 사람의 이야기로 상대방의 기분을 이해하고 있다는 메시지, 호감이 있다는 메시지를 전달할 이야기이기만 하면 된다.

문제는 날씨 이야기 혹은 인테리어 소품 이야기에서 달랑 멈췄을 때다. 심리학자는 어느 정도 대화가 오간 다음에는 가십으로 소재를 바꿔도 긍정적인 면이 있을 수 있다고 한다.

"아 참, 그 이야기 들어 보셨어요?"

다음에 어떤 내용이 연결될까? 가십에도 긍정적 미담의 주인공이 있다. 하지만 사람들이 더 열광적으로 호기심을 갖는 것은 부정적인 가십이다. 긍정적인 메시지로 진입한 다음에는 부정적인 내용이어도 괜찮다. 확실하게 악성으로 조작된 가짜 뉴스만 아니면 말이다. 사람들은 가십에 흥미가 있으면서도 가십을 이야기하는 것을 일단은 꺼린다.

이유는 자신의 이야기를 누군가 자기 모르게 말하는 것을 싫어하는 기본 성향이 있기 때문이다. 가십의 주인공이 자신과 다른 유명인이라고 하더라도, 같은 인간으로서 그가 싫어할 상황에 대한 공감이 있기에 꺼린다. 하지만 이것은 어디까지나 의식적이다.

2017년 신경과학회지에 실린 연구를 봐도 그렇다. 유명인의 부정적인 가십을 사람들에게 보여 주고 뇌 영상을 촬영하면 겉으로는 즐거워하지 않는다고 말했지만 즐거움을 느끼는 뇌의 보상 시스템은 아주 활발하게 움직이는 것을 확인할 수 있다. 동시에 도덕적인 나침반 역할을 하는 전두엽도 활성화되었다. 즉 즐거움을 느끼지만 의식적으로 사회적 규범인 도덕을 따라야 한다는 생각에 뇌의 두 부위가 모두 활성화된 것이다.

유명인의 가십에 관한 대화는 직장의 특정 직원을 뒤에서 욕하는 것이나, 가족의 일원에 대해서 몰래 나쁜 이야기를 하는 것과는 다른 즐거움이 있다. 상대방은 여러분의 직원이나 가족은 모른다. 하지만 유명인은 잘 알고 있다. 유명인을 자신과 똑같이 알고 있는 낯선 사람은 진정 낯선 것이 아니라, 공동의 지인을 가진 친근한 사람처럼 느끼게 된다. '낯선 사람에게서 친근함을 느끼는 묘한 즐거움을 얻게 된다.' 이게 가장 크다.

유명인이 너무 잘나가고 나랑 다르게 아무 걱정 없이 사는 것 같아서 부러워했는데 안 좋은 일을 당해 고소하다는 즐거움은 의식적으로 누르지만, 이 낯설고 묘한 즐거움은 살아남는다. 꼭 부정적인 가십을 이야기하지 않아도 된다. 유명인의 미담을 이야기해도 묘한 즐거움은 살아남는다.

날씨 이야기, 공통된 물건의 추억, 가십까지 이야기를 나누면 카페에서 보내는 시간을 충분히 재미로 채울 수 있다. 헤어질 때 연락처를 반드시 주고받을 필요도 없다. 기대도 하지 않았는데 얻은 선물처럼 다시 우연히 만났을 때의 즐거움도 있으니.

내가 즐기는 소비 공간이기만 했던 곳에서, 소통의 재미도 다양하게 느낄 기회를 얻는 정도여도 된다. 소통이나 인간관계라는 말에 짓눌려 너무 멀리까지 내다보니 부담되고 두려움도 생기는 것이다. 2시간 정도 기차를 타고 가면서 기분 좋게 이야기하고, 상대방의 이야기를 들어 주다가, 내릴 때는 상냥하게 인사하고 헤어지는 식이어도 충분하다.

7.

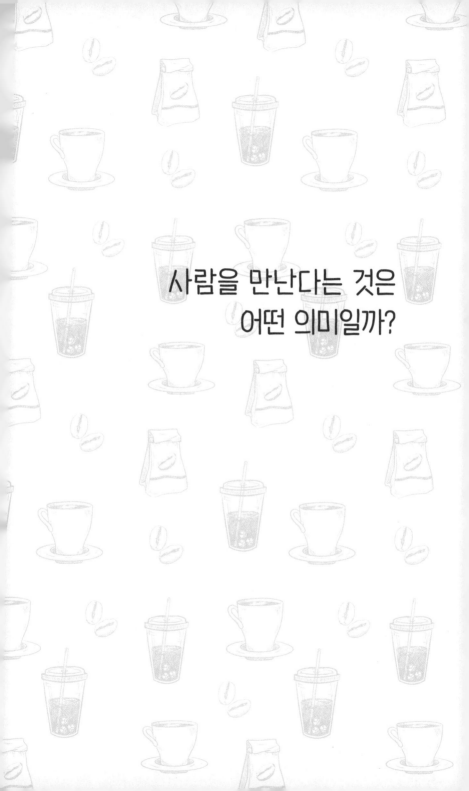

사람을 만난다는 것은
어떤 의미일까?

짧은 만남, 긴 여운

카페 주인으로서는 봄이 반갑다. 겨울과 다르게 사람들이 외출을 많이 하고, 카페를 방문하는 사람도 많아지기 때문이다. 그런데 계절이 바뀌면서 카페에 오지 않는 손님도 있다. 개인 사정이든 차분했던 분위기가 북적거리게 바뀌어서든 이유는 다양하다. 이유를 불문하고 카페 주인으로서는 예전 손님들을 보지 못하는 게 아쉽다. 손님과 주인. 이성적으로 따져 보면 카페 안에서 대단한 유대감을 나눌 시간이 있는 것도 아니었는데, 감성적으로는 흔들린다. 왜 그럴까?

카페를 벗어나도 이런 현상은 계속된다. 새로운 사람을 만나자주 보면서 나름 재미를 누려도 예전에 만났던 사람을 떠올리며 아쉬워한다. 그 사람을 자주 만난 것도 아니고, 단 한 번 스치듯 만났지만 말이다. 정말 왜 그럴까? 그 이유를 자세히 살펴보기 위해 남양주 묘적사 계곡 근처 외진 곳에서 카페를 하며직접 겪은 일화를 소개한다.

어둠과 함께 차가운 공기가 쌓인 지 오래, 카페 닫을 시간 즈음에 70세 정도로 보이는 두 남자가 들어왔다.

"여기서 제일 싼 커피 줘요."

"아, 아메리카노요?"

"아이고, 저희는 그런 거 몰라요. 저희 얼굴 보세요. 알게 생겼나. 그냥 가장 싼 거 하나씩 주세요."

낯선 건설사 이름이 박힌 작업복이 눈에 들어왔다. 새로 조성하는 골프장 인근 건물 공사장에서 일하시는 분들처럼 보였다. 저녁 반주를 했는지 술 냄새도 났지만, 예의 바르게 말해서 좋았다.

"딱 보니 드립 커피 좋아하실 얼굴이시네요. 제가 업그레이드 해 드릴게요."

"아유, 암튼 우린 모르니까 알아서 해 줘요."

드립 커피와 함께 과자도 내놓았다. 맛있다면서 후후 홀짝홀짝 마셨다. 그러다가 카페 테이블로 쓰는 한옥 고재와 재봉틀을 봤다.

"아이고, 이게 여기에 있네."

사이좋게 발을 하나씩 올려놓고 재봉틀 페달을 밟으면서 "살아 계셨으면 딱 백 세인 엄마"에 대해서 두 분이 말씀하기 시작했다. 두 분의 어머니는 신기하게도 동갑이었다. 집에 있는 재봉틀로 가족들의 옷을 다 지어 입히셨던 것도 같았다.

두 사람의 출생 순서는 달랐다. 한 분은 자신이 둘째 아들이라 동생들 챙기라는 잔소리만 듣고 큰형이 있어 대접도 제대로 못 받았다고 푸념했다. 막내인 상대방에게 사랑을 많이 받지 않았느냐고 부러워했다. 아이처럼. 자신은 엄마에게 사랑을 받지 못하고 컸다며 조금 전에 보고 싶다고 말한 엄마에 대한 서운함도 맘껏 토로했다.

막내인 사람도 자신도 엄마에게 사랑을 받지 못했다면서 재산 다 들어먹고 빚만 남겨 준 큰형에 대한 원망으로 화제를 돌렸다. 세월의 힘으로 격정적 분노가 아닌 한숨과 장난기 있는 농담이 된 이야기가 이어졌다. 15분 정도 지났다. 두 분은 일어났다.

"마감 시간 신경 쓰지 마세요. 계속 있으셔도 돼요."

"아유, 아니에요."

고맙다는 말도 잊지 않았다. 다방 말고 커피숍은 처음이었는데 참 편하고 좋았다고. 여유가 있으면 또 오고 싶다고 했다. 또 오시면 또 업그레이드해드리겠다고 나는 답했다. 빈말이라도 공짜로 드리겠다고 하지 않았다. 쭈뼛거리며 들어와 나갈 때는 당당하게 말하는 그분들의 기분을 망쳐선 안 되니까.

이 일화를 페이스북에 올렸더니 썰렁하던 내 계정에 따뜻한 이야기라며 "좋아요" 표시가 많이 달렸다. 한 번도 만난 적 없는 두 사람의 안부를 묻는 사람도 있었다. 나도 그분들의 안부가 궁금하다. 그날이 공사 마지막 날이었는지, 다음에 오지 않았다. 그래도 저녁 늦게 문이 열릴 때면 살짝 기대하게 된다. 기대는 실망으로 변한다. 실망은 새로운 손님에 대한 반가움에 밀려나지 않는다. 실망은 실망이고, 반가움은 반가움이다. 각각의 감정이 들어가는 서랍이 다른 것처럼.

미완성에 마음을 더 빼앗기는 이유

살다 보면 계속 만났지만 잊히는 사람이 있다. 같은 학교나 같은 반에 있었던 동창, 회사 직원처럼. 반대로 한 번 만났지만 잊히지 않는 사람도 있다. 이 현상을 심리학적으로는 "자이가르니크 효과"로 설명한다. 이 효과는 러시아 심리학자인 블루마 자이가르니크Bluma Zeigarnik의 이름에서 따왔다. 자이가르니크는 실험 참가자에게 구슬 꿰기나 퍼즐 풀기와 같은 간단한 과제를 풀도록 했다. 한 집단은 20개 과제 모두를 끝까지 풀게 했지만, 다른 한 집단은 중간에 과제를 멈추게 했다. 그런데 과제를 끝까지 수행한 집단보다 거의 두 배 정도 더 많이 기억했다.

미국 심리학자인 케네스 맥그루Kenneth O. McGraw와 지리나 피알라Jirina Fiala 박사는 과제 수행을 90% 지점에서 멈추게 했다. 그리고 과제도 훨씬 어려운 퍼즐로 바꿨다. 머리를 많이 써서 기억할 수 있는 것이 많도록 말이다. 하지만 결과는 마찬가지. 사람들은 얼마나 오래 했느냐의 문제가 아니라 완성하지 못했다는 이유만으로 더 많이 기억했다. 노력과 시간과 경험 등 기억할 단서는 과제를 완성한 쪽이 더 많을 수밖에 없는데도 말이다.

사람들은 미완성에 매달린다. 미완성으로 끝난 첫사랑도 잘 기억한다. 배우자가 일주일 전에 입은 옷은 잘 기억나지 않지만 몇십 년 전에 만난 첫사랑이 입은 옷, 했던 말, 심지어 주변 상황까지 다 기억하는 사람이 많다.

헤어지고 나서야 미완성이 힘을 발휘할 수 있는 것은 아니다. 자이가르니크 효과는 시리즈 영화와 드라마에서 많이 쓴다. 이야기를 에피소드별로 완결 짓기보다는 절정의 순간에 '다음에 계속'이라고 나올 때 마음을 더 많이 빼앗긴다. 시리즈 액션 히어로 영화를 떠올려 보시기를.

영국 작가인 찰스 디킨스도 자이가르니크 효과를 잘 활용했다. 그는 작품 대부분을 처음부터 하나의 완결된 이야기로 출판한 것이 아니라 신문 연재를 하거나 작은 시리즈로 잘라서 냈다. 덕분에 그의 다음 이야기가 궁금한 미국의 독자들은 뉴욕항에 모여 후속 이야기를 조금이라도 빨리 보려고 줄을 서야 했다. 독자의 항의를 받았지만 디킨스는 그 방법을 고수했다. 독자에게 독보적인 재미를 주는 작가로 기억되기 위해서.

인간관계를 황폐하게 만드는 두 가지 강박

디킨스는 이런 질문을 자신에게 던졌을 것이다. 좋은 관계를 맺고 싶다고 첫 만남부터 줄곧 모든 매력을 다 보여 주려 하는 것이 좋을까? 덜 보여 주는 대신 다음번 만남을 기대하게 하는 것이 좋을까? 디킨스는 심리학자가 아니었지만 분명한 답을 찾았다. 자이가르니크 효과에 따르면 후자가 더 좋다. 내가 카페를 찾은 노년의 손님들을 기억하는 것, 사람들이 첫사랑을 기억하는 것만 봐도 그렇다. 그런데도 대부분의 사람은 미완성의 미학으로 관계를 이끌어가려고 하지 않는다. 왜?

첫째, 완벽함에 대한 강박 때문이다. 미완성은 완벽하지 않은 것이기에 불편하다. 완벽하게 공부하고 완벽하게 일하라는 것이 좋다는 교육을 받으며 성장한 사람은 미완성을 죄악시한다. 관계에 대해서도 완벽하게 자신이 가진 것을 보여 줘야만 더 완벽하게 관계를 맺을 것으로 생각한다. 그런데 사람은 완벽하지 않다.

완벽하지 않은 것은 나쁘다고 생각하니 상대에게 완벽한 이미지를 보이려고 가면을 쓰기도 한다. 우울해도 활달한 척, 불안해도 대범한 척. 가면과 실제 모습이 차이가 날수록 관계에서 오는 심리적 스트레스는 커진다. 결국 완벽함을 추구하는 자신만 남고 상대와 나누는 관계의 즐거움은 사라진다.

좀 더 넓은 관계, 좀 더 높은 인정, 좀 더 많은 권력을 얻기 위해 실제 자기 모습이 아니더라도 멋있는 모습을 보여서 인정받아 관계를 맺고, 더 많은 힘을 가지고자 하는 욕망이 꿈틀거린다. 그런 태도로는 관계를 제대로 맺을 수 없음을 매년 전화번호를 정리하거나 쓸쓸한 밤 전화기를 만지작거릴 때마다 경험하면서도 쉽게 버리지 못한다. 이 모든 것이 관계의 출발점이 문제가 아니라, 아직 완벽하지 못한 자신의 탓 혹은 상대의 탓이라 여긴다.

관계를 완벽하게 수행해야 하는 과제처럼 생각하면서 책을 찾아 연구한다. 책에서는 완벽한 관계에 관한 사례와 전략들이 나온다. 자신을 그 책의 내용에 끼워 맞추려 한다. 관계의 완성을 위해서. 하지만 그렇게 도전하는 관계는 황지우의 시구처럼 완벽함이 아니라 "폐허"가 되고 만다. 그러면 미완성인 자신을 탓하며 더 완벽해지려고 도전한다. 악순환이 계속되지만 완벽해지려는 강박감이 문제라는 생각은 못 하고, 노력을 덜 했다고 여긴다.

둘째, 양$_量$에 대한 강박 때문이다. 인간관계를 다룬 책 대부분은 다양한 기술을 써서 상대를 붙잡아 놓으라고 한다. 첫 만남부터 능력과 매력을 폭격하듯이 내뿜어 상대를 휘어잡으라고 한다. 경쟁 사회에서 다른 대상에게 눈을 돌리지 못하게. 그러면서도 당사자에게는 눈을 돌려 가급적 많은 사람과 관계를 맺으려 노력하라며 인맥 쌓기의 장점을 보여 준다. 양에 집중하면 질도 높아질 것처럼. 하지만 양과 질은 다르다. 영화를 좋아한다며 그저 그런 수준의 영화를 백 편 보는 것과 재미있는 영화 한 편 보는 것이 다르듯이 말이다.

인지인류학자인 로버트 던바$_{Robert\ Dunbar}$의 연구에 따르면 인간은 인지적 능력 한계 때문에 관계를 유지할 수 있는 사람 수의 최대치가 150명이다. 생각보다 적다고 생각할 수도 있다. 웬만한 사람의 페이스북 친구 숫자만 해도 그 정도는 넘으니까. 그런데 온라인 친구, 오프라인 지인 등 그냥저냥 아는 사람이 아니라, 그 사람이 좋아하는 것과 싫어하는 것 등을 세세히 알고 교류하는 사람의 최대 숫자라고 하면 어떨까? 150명이 너무 많다고 대답할 사람이 훨씬 많을 것이다. 진정한 친구 한 명만 있어도 좋다면서.

한 명이라도 제대로 된 친구를 사귀고 싶다고 하면서도 사람들은 인간관계를 어떻게든 넓게 가져가려고 한다. 순수하게 관계에서 오는 기쁨을 위해서가 아니라 관계를 통한 이익을 생각하기 때문이다. 학교나 직장에서 이익 중심으로 관계를 형성했던 사람은 이직이나 퇴직 이후 쉽게 고립된다.

양을 추구하는 기술만 익히고 질을 추구하는 기술이 부족한 자신이 만들어 놓은 현실에 좌절한다. 알고 지냈지만 연락이 안 되는 사람의 숫자가 많을수록 더 좌절한다. 목표이자 자랑이었던 "양"이 배신하는 상황이 되면 다른 사람이 자신의 진심을 몰라준다고 한탄하지만, 자신이 타인의 진심을 얼마나 알려고 했는지는 성찰하지 못한다.

인간관계는 완벽하지 않은 사람들이 서로 만나 양이 아닌 질적인 감정을 나누는 쪽에 더 가깝다. 애초에 그에 대한 고민이 더 필요하다.

먼저 자기 자신과 좋은 관계를 맺어 보자

긍정적인 인간관계를 가지려면 자신의 본심을 숨기면서까지 남에게 잘해 주라는 말이 있다. 하지만 괴테는 《친화력》을 통해 그런 인위적 노력이 오히려 문제임을 지적한다.

"사람들은 때로 친구나 오랜 지인으로 만나 포도주와 물이 뒤섞이듯이 금세 어우러지면서도 서로 상대를 변화시키지는 않는다. 반면에 어떤 사람들은 사이가 원만하지 못하여 애써 융화하려고 해도 결코 한마음이 되지 못한다. 마치 물과 기름을 휘저어 한데 섞으려고 하나 금세 다시 분리되고 마는 것과 같다."

괴테의 말과 달리 예나 지금이나 대부분은 자신이 어떤 요소를 가진 사람이고, 상대는 어떤 요소를 가진 사람인지 살피지 않는다. 대신 어떤 새로운 상황을 만들어 보겠다는 일념으로 관계를 맺으려 한다. 그리고 좌절을 반복한다. 이미 괴테는 이렇게 지적했다.

"스스로 자신을 제어하지 못하고 그저 되는 대로 안이하게 살다가는 파괴와 타락을 초래할 뿐이다."

괴테는 인간관계를 잘 쌓으려면 스스로 자신의 친구가 되어 자기 관리부터 해야 함을 강조했다. 자신이 어떤 사람인지, 즉 포도인지 물인지 살피고 더 좋은 포도, 더 깨끗한 물이 되기 위해 관리해야 다른 사람이 더 좋고 깨끗해지기 위해 관리한 요소도 더 잘 파악하게 된다.

자신과의 관계도 완성하지 못하고 나쁜 사람들과 어울리는 사람은 그들의 패악질로 여러 가지 마음고생을 해서 불행해진다. 혹은 자신의 마음에 불순물이 있어 나쁜 사람들과 어울렸다고 생각하지 못하고, 그 사람들을 탓하고 관계를 절연하고 다음에도 비슷한 사람을 또 만나 불행을 반복하게 된다. 그래서 행복한 인간관계를 위해서는 자기 관리가 우선이다. 아직 부족한 자기를 탓하며 더 완벽해지라고, 심지어 완벽한 가면이라도 쓰라고 채찍질하는 것이 아니라, 부족하지만 열심히 살려고 하는 자신에게 좋은 조언을 전하는 친구가 되어야 한다.

자기 자신에게 좋은 친구가 된 사람은 앞으로도 자기에게 좋은 친구가 될 사람을 잘 구별한다. 즉 좋은 사람을 구별할 수 있다. 좋은 사람들과 어울리는 사람은 긍정적 도움을 주고받아 삶이 행복해진다. 유유상종. 좋은 사람을 만나려면 나부터 좋은 사람이 되어야 한다.

그렇다면 어떤 사람이 인간관계에서 좋은 사람일까? 괴테는 사랑과 우정 등 인간관계에는 무엇보다 욕심이 없어야 한다고 주장한다.

괴테의 교훈을 무시하면, "나는 웬만하면 손해를 보며 사는데도, 친구가 없어 외롭다"고 투정하는 속물로 살 확률만 높아진다. 성숙한 사람은 "내 진심을 알아주고 자기가 손해를 보더라도 도움을 주는 사람들, 무엇보다도 내가 손해를 볼 수 있어도 마음을 다할 가치가 있는 사람들과 함께 지낼 수 있어 항상 행복하다"라고 말한다. 그렇게 손해 보는 착한 사람들, 기꺼이 손해를 볼 수 있는 좋은 사람들에게 둘러싸인 자신이 보호받고 존중받고 있다고 생각하니 행복할 수밖에 없다.

세상에는 인간관계로 세속적 이익을 얻으려는 사람만 있는 것이 아니다. 실제로 인간관계를 통해 행복을 누리는 사람이 있다. 얄팍한 계산을 통한 인위적 노력으로는 마음을 장기적으로 사로잡을 수 없는 게 현실이기도 하다.

이 현실을 받아들일 때 인간관계의 변화는 시작된다.

대단한 것부터 생각할 필요는 없다. 어떤 사람은 맨 정신으로 카페에 들어와서 짧은 시간 동안 자기가 어느 정도로 성공했는지 큰 소리로 떠벌린다. 또 어떤 사람은 술에 취했어도 언행을 조심한다. 바리스타를 커피자판기의 버튼처럼 생각하지 않고 인간적으로 대하려 노력한다. 두 경우 각각 상대방이 대하는 태도도 달라진다. 두 경우 중 어떤 쪽이 더 좋은 인간관계를 맺게 될까? 카페에서 벗어나서 다른 사람을 만난다고 해도 말이다.

그냥 접근성이 편하다고 매출을 높이는 데 혈안인 매장에 가서 '왜 나는 인간적인 대접을 받지 못할까?'라고 생각하는 사람과 자기 관리 측면에서 꼼꼼하게 따져 봐서 사람과의 교류를 더 생각하는 매장에 간 사람 중 누가 더 행복할까? 인간관계를 통한 행복은 인간관계 자체를 목적으로 접근했을 때 얻을 수 있다. 완벽하지 않아도, 상대가 많지 않아도.

괴테는 인간관계에서 상대의 특성과 자신의 특성을 아는 것, 자기 관리가 중요하다고 했다. 심리학에서도 이 점을 중시한다. 인간관계에서는 감정이 중요하다. 만약 내가 짜증 나 있는 상태라면? 친한 친구에게 하소연할 수 있다. 하지만 상대가 낯선 사람이라면? 굳이 낯선 상대를 만나 풀려고 해야 할까? 자신의 마음이 안정적이고 평화로울 때 낯선 사람을 만나는 것이 좋지 않을까? 짜증 났는데도 누군가를 만나야 하는 상황이라면 마음을 변화시키려 심호흡을 하거나 기분 좋아지는 음악, 영상, 음식을 찾는 자기 관리 노력을 하는 게 좋다.

인간관계에서는 자신의 감정만 중요한 게 아니라, 상대방의 감정도 중요하다. 상대가 짜증이 났거나, 거부할 때는 억지로 다가가려 해서는 안 된다. 마음이 풀어질 기회만 제공하고, 그 기회

마저도 선택하지 않으면 스스로 나아질 때까지 기다려야 한다. 저돌성보다는 상대가 호의적인 마음이 되었는지 꼼꼼하게 확인하는 신중함이 필요하다.

만약 기분이 나쁘다고 여러분에게 패악질을 부리는 사람이라면? 그런 노력과 기다림을 기울일 만한 가치 있는 사람이 아니니 관계를 정리해야 한다. 좋은 사람이 되고, 좋은 사람과 어울리려 노력할 때 행복을 얻을 수 있다. 좋지 않은 사람과 억지로 어울려야 하는 사회생활을 하더라도, 다른 곳에서는 꼭 좋은 사람을 만나야만 행복할 수 있다. 사회와 상대방은 변화시키지 못해도, 좋은 사람을 만나는 노력을 통한 행복은 자신의 힘으로 얻을 수 있다.

8.

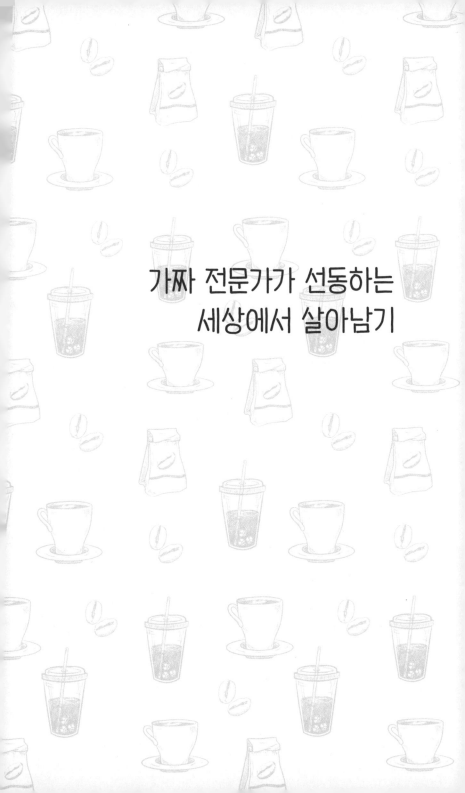

가짜 전문가가 선동하는
세상에서 살아남기

날씨에 따라 달라지는 커피 취향

카페를 개업할 때만 해도 빠른 시일 내에 업력을 쌓아 전문가 수준을 뛰어넘어 고수가 되고 싶었다. 고수가 되면 커피와 카페와 관련된 통찰력을 맘껏 발휘할 수 있으리라 생각했다. 사람의 얼굴만 보고서도 딱 맞는 커피를 권해 주는 상상도 했다. 하지만 독심술보다는 날씨를 참고하는 게 더 좋음을 깨달았다. 그래서 찾아봤더니 커피 전문가가 작성한 정보가 많이 나왔다.

사람들은 더우면 아이스 아메리카노를 찾고, 추우면 따뜻한 커피를 찾는다. 물론 추운 겨울에도 자기 취향대로 아이스 아메리카노를 고집하는 손님이 있다. 하지만 대부분은 핸드 드립이나 에스프레소를 찾는다. 날씨가 끄물거리거나 눈이나 비가 오면 카푸치노나 라테로 포근한 감성에 젖고 싶어 하는 경우도 많다.

흐리거나 비 오는 날은 대기가 저기압이기 때문에 사람들의 기분도 가라앉는다. 우울하다기보다는 차분하고 감성적으로 된다. 향기를 세밀하게 느끼게 되고, 혀의 감촉도 더 예민하다. 그래서 극단적으로 나뉜다. 아예 강한 에스프레소나 진한 커피를 마시는 파가 있다. 반대로 향이 좋은 드립 커피나 부드러운 카페 라테를 마시기도 한다.

심리적인 측면만 영향을 주는 게 아니다. 비나 눈이 오는 날은 커피 향이 더 진하게 느껴진다. 공기 중에 미세한 습기가 더 많아서 흩날리는 향기 분자가 가라앉기 때문이다. 그래서 커피 향을 더 잘 맡고, 더 강하게 느끼게 되니 반대로 부드러운 느낌의 커피를 더 많이 찾게 된다. 혹은 커피 향에 자극받아 더 강한 것을 마시고 싶어지거나.

그런데 왜 이렇게 극단적인 선택을 하게 될까? 비나 눈이 오는 날은 햇빛이 적다. 햇빛이 적으면 수면을 유도하는 멜라토닌이라는 호르몬이 계속 분비된다. 나른한 느낌에 더 깊이 빠지고 싶은 사람은 부드러운 커피를, 졸음에서 빨리 벗어나고 싶은 사람은 강한 커피를 선택한다. 모습은 완전 다르지만 멜라토닌의 영향을 받는 것은 똑같다.

고기압이어서 날씨가 맑고 화창하면 어떨까? 상쾌한 햇살에 일단 심리적으로 기분도 고조된다. 그 기분에 따라 신선하고 맑은 느낌의 음료를 찾게 된다. 겨울에도 아이스 아메리카노나 싱글 오리진의 드립 커피를 찾는다. 특히 드립의 경우 산미가 있는 케냐 키암부나 콜롬비아 후일라, 자메이카 블루 마운틴 계통의 커피를 선호한다.

날씨에 따라 커피잔을 달리 선택하는 카페도 있다. 흰 잔은 커피의 짙은 갈색과 대비되기 때문에 심리적으로 커피가 더 진하게 느껴진다. 그래서 비나 눈이 오는 날에는 흰 잔에 커피를 낸다. 원래 고객의 취향이 있는데, 평소보다 확실히 더 진하게 커피의 농도를 바꾸기에는 위험 부담이 있기 때문이다. 맑은 날에는 투명한 유리잔에 커피를 낸다. 깔끔하고 신선한 느낌을 극대화하기 위해서다.

지금까지 이야기가 모두 거짓이라면?

지금까지 이야기를 듣고 고개를 끄덕이는 독자도 있을 것이다. '역시 전문가는 달라.'

그런 독자에게는 미안하지만 어쩌면 지금까지 한 이야기는 모두 거짓일 수도 있다. 이 귀한 지면을 낭비하려고 한 말은 아니다. 실제로 이런 이야기를 하는 커피 전문가들이 있다. 하지만 전문가가 이야기한다고 해서 진실에 더 가깝다는 생각이 얼마나 위험한지 확인해 보는 시간을 가지려고 예로 든 정보일 뿐이다.

방송에 나와서 물파스 하나로 중풍을 예방할 수 있다고 주장하는 한의사도 나름 전문적인 용어와 원리를 섞어 가며 이야기한다. 가수 오디션 프로그램에서 심사하는 사람도 '공기 반, 소리 반' 혹은 '비브라토' 등 계속 자신의 주장을 대단한 원리처럼 반복한다. 그러면 대중은 그것을 전문가여야만 구분할 수 있는 통찰처럼 생각한다.

커피도 마찬가지다. 앞서 말한 날씨별 커피 판매 전략도 확실한 취향을 고집하는 고객에게는 소용이 없다. 커피 전문가가 아닌 일반 고객에게 커피 맛이 날씨에 따라 그 정도로 차이가 나는지도 확실하지 않다. 물론 이론적으로는 차이가 난다.

하지만 똑같은 고객에게 정교한 실험으로 증명한 적은 없다. 주요 변수인 매장 분위기, 물의 온도, 원두의 상태, 고객의 심리 상태를 똑같이 놓고, 날씨만 다르게 해서 실험한다는 것은 불가능하다. 전문가의 지식에 바탕을 둔 정황상의 추론일 뿐이다. 그리고 그 추론을 이론처럼 만들어 고객에게 날씨에 따라 커피 맛이 다르다고 믿게 하고 실제로 많은 차이가 없게끔 느끼도록 만드는 것일 수도 있다. 정황과 추론, 어디에도 진실은 없다.

전문가가 사기꾼이어서? 그럴 수도 있다. 하지만 전문가 자신이 믿는 것이 진실이라고 여기며 허위를 만들 수도 있다.

'남다른 지식과 통찰력을 지닌 내가 그렇게 믿을 정도면 그게 사실인 거야.'

이 경우에는 사기꾼보다 문제가 더 크다. 커피 분야가 아니더라도, 법, 교육, 정치 등에서 사기꾼보다 심각한 전문가가 활동한다. 예전보다 그 정도가 심해졌다. 디지털미디어 시대에 사람들은 기존 언론이 아니라, 인터넷과 SNS에서 정보를 얻는다. 그런데 열린 마음으로 정보를 구하지는 않는다. 주로 자신이 예전부터 교류하던 공간, 비슷한 취향을 가진 사람이 있는 곳에서 얻은 정보를 선호한다. 사실이 아니어도 공감과 나눔을 반복하면 진실인 것처럼 느끼게 된다. 특히 자칭 전문가가 올린 정보는 더 많은 공감과 나눔의 대상이 된다.

진실은 그때그때 달라진다?

앞서 소개했듯이 자칭 커피 고수는 커피 한잔으로도 날씨를 맞힐 수 있다고 말한다. 심지어 커피 숟가락으로 한 번 떠서 봐도 맞힐 수 있다는 사람까지 있다. 무림 고수가 멀리서 던지는 나무젓가락 하나로도 사람에게 치명상을 입힐 수 있다고 말하는 것처럼. 이런 정보는 일반인이 전문가에 품은 동경이나 환상과 맞아떨어져 더 인상 깊고, 공유될 확률이 높은 정보가 된다.

혹시라도 전문가는 예측이 틀리면 기름기가 많이 배어 나오는 강배전으로 로스팅된 원두를 진하게 내려야 했고, 커피잔이 두꺼워야 했고, 수평이 완벽하게 맞아야 했고, 외부에서 부는 바람이 없어야 한다는 등의 조건을 추가한다. 덕분에 전문가는 예측이 틀려도 자신의 내공과 이론은 절대 틀리지 않는다고 자신 있게 말한다.

심리학에서는 이런 현상을 땜질식 가설Ad Hoc Hypothesis이라고 한다. 자신의 믿음이나 이론에 반하는 사실을 회피하려고 임시로 그럴듯한 가설을 만들어 설명하는 게 땜질식 가설의 특징이다. 기존 견해를 합리화하려고 끊임없이 땜질하듯 가설을 만들어 임기응변으로 대응한다. 그래서 앞의 주장과 반대되는 주장을 하는 경우까지 있지만, "아, 그것은 다른 의미였다"며 또 합리화할 구실을 만들어 낸다.

땜질식 가설은 점쟁이, 사이비 과학자, 정치가 중에 흔히 볼 수 있다. 점쟁이는 모든 것을 다 아는 듯이 말하지만, 그들의 예측이 틀리면 정성이 부족했다거나 부정 탔다거나 조상 중 얼어 죽은 사람에게 제사를 지내지 않아서 그렇다 등등 갖은 구실을 대가며 예측이 빗나간 이유를 설명한다. 절대로 자신의 예측이 틀렸다고 하지 않고 그럴듯하게 설명하려고 새로운 가설을 만들어 낸다.

그렇게 설명할 수 있었다면 일을 그르치기 전에 왜 먼저 말하지 않았을까? 이렇게 질문하면 점쟁이는 '천기누설 죄' 운운하며 그에 맞는 구실을 내놓는다. 그러면서 자신의 믿음은 확고하다며 당당하다. 새는 구멍이 보일 때마다 재빨리 땜질하는 것은 얼마든지 가능하기 때문이다.

커피 업계에도 땜질식 가설이 있다. 앞서 설명한 날씨에 따른 커피 선택도 있고, 새로운 음각 드립 기구를 만들었지만 의도하던 대로 물줄기가 나오지 않자 커피 필터를 바꿔서 원래 모두 고려해서 세트로 계획한 것처럼 홍보하는 예도 있다.

전문가도 인간이니 실수할 수 있다. 하지만 그것은 어디까지나 자기 생활적인 부분에 대한 것이어야 한다. 전문적인 지식을 앞세워 실수하는 것은 문제다. 프로듀서가 잘못된 보컬 트레이닝 방법을 이야기하고, 커피 전문가가 잘못된 커피 로스팅 혹은 드립 기법을 이야기하고, 검찰이나 판사가 법 지식을 앞세워 잘못된 행동을 저지르는 것은 실수가 아니다. 죄다. 전문성은 자기 마음대로 해도 되는 권리라기보다는 자신을 믿고 따르는 사람들을 책임질 의무에 더 가깝기 때문이다.

커피 한 잔으로 날씨를 알아보는 것은 앞서 말한 것처럼 이론상으로는 가능하다. 하지만 물의 온도, 커피의 유형이나 농도 등 다양한 변수 때문에 정확하게 예측하는 것은 불가능에 가깝다. 불가능에 가까운데 전문가가 확신에 차서 이야기하면 오히려 그만큼 믿을 만한 특별한 지식과 통찰이 있는 게 아닌가 하는 생각이 들기도 한다. 전문가인 척하면서 가짜 뉴스를 자신 있게 이야기할 때조차 효과를 거두는 것도 이 때문이다.

가짜 전문가는 과도한 자신감overconfidence이 있다. 하긴 일반인도 실제 자신이 가진 능력에 대해 과도한 믿음을 가지고 있다. 미국의 심리학자 애덤스Adams 박사 부부의 연구를 보면, 사람들이 철자 오류가 없다고 100% 확신한 글을 분석해 보니 80%만 맞았다고 한다. 자신의 능력을 20% 과대평가한 것이다. 이와 비슷한 연구 사례는 많다. 미국 심리학자 바루크 피쇼프Baruch Fischhoff의 연구를 보면 일반상식 문제를 풀면서 100점이라고 확신한 실험 참가자의 실제 점수는 70~80점에 그쳤다.

미국 심리학자 스튜어트 오스캄프Stuart Oskamp 박사의 연구에 따르면, 정보를 많이 보유할수록 과도한 자신감에 쉽게 빠진다. 전문가는 해당 분야에 대해 정보를 많이 갖고 있다. 그래서 더 과도한 자신감을 가지기 쉽다. 지나친 자신감이 생겨 자기주장만 하거나 일을 무리하게 추진하다가 감당할 수 없는 실패를 하기도 한다. 자신 있게 사는 것은 좋은 일이다. 하지만 문제는 과도함에 있다.

비현실적인 자신감은 삶의 밑천이 아니라 저주다. 정확히 자신의 능력을 판단하려는 노력이 필요하다. 과대평가나 과소평가 모두 문제다. 자신이 평가하면 왜곡할 확률이 더 높다. 여러 경로를 통해 다른 사람의 평가와 의견을 듣고 종합해서 자신의 능력, 성과, 특성 등을 파악하려고 노력해야 과도한 자신감이 불러올 피해를 막을 수 있다. 전문가는 많은 사람에게 영향을 끼칠 수 있으므로 더 조심해야 한다. 자기 자신이나 그를 따르는 사람 모두.

알고서도 속는 세 가지 함정

자신이 가짜인 줄 알면서 자기 이익을 위해 다른 사람을 속이는 것은 사기꾼이다. 그런데 자신이 진짜인 줄 알고 자기 이익을 위해 다른 사람을 돕는다고 생각하는 확신범에 가까운 경우도 있다. 주관적 믿음이 아니라 객관화된 생각이 더 필요하지만 일부 전문가는 본의든 타의든 확신범이 된다.

첫째는 진실 착각 효과Illusion-of-truth Effect 때문이다. 사람은 객관적으로 정보의 진실 여부를 판단하는 것이 아니라, 단지 친숙성에 바탕을 두고 진실 여부를 판단하는 경향이 강하다. 즉 친숙하지 않은 말보다 친숙한 말을 사실로 믿는 편향이 있는데, 이게 바로 진실 착각 효과다. 전문가는 자신에게 친숙한 사고방식으로 세상을 해석한다. 그리고 그렇게 만든 이론과 뉴스를 퍼뜨린다. 그중에는 진실을 담지 않고, 자신의 친숙한 사고방식에 맞도록 편집한 내용만 있는 가짜 뉴스도 있다. 하지만 해당 전문가를 따르는 사람들은 이 점을 경계하지 않는다.

캐나다 맥마스터대학 심리학과의 이언 벡$_{Ian\ M.\ Begg}$, 앤 아나스 $_{Ann\ Anas}$, 수잔 파리나치$_{Suzanne\ Farinacci}$ 박사의 연구에서는 심지어 진술문이 거짓이라고 이야기해 주기까지 했다. 그랬는데도 실험 참가자들은 나중에 평가할 때 친숙도에 바탕을 두고 사실이라고 판단했다. 이런 연구 결과는 사람은 자기도 모르는 사이에 반복적인 선전 메시지에 노출되면, 그에 따라 판단이 좌우될 수 있음을 보여 준다.

커피 안에 있는 카세인나트륨이 마치 나쁜 요소인 것처럼 느끼도록 커피 광고를 퍼뜨리거나, 정치적으로 누군가를 음해하는 발언을 지속하는 목적은 모두 진실 착각 효과를 얻기 위해서다.

홍보 메시지에 반복해서 노출되고, 시간이 지날수록 여론은 호전된다. 현실을 개선하는 것은 어렵지만 현실을 개선했다는 착각을 심어 주기는 훨씬 쉽다. 그래서 정치가들은 본연의 임무보다 홍보에 열을 더 올린다. 사람들은 사실 여부를 꼼꼼히 따지기보다는 비록 자신은 나름의 근거가 있어 내린 결정이라고 믿어도 자신에게 익숙한 메시지에 따라 판단한다는 것을 잘 알고 있기 때문이다.

이 같은 진실 착각 원리는 실제 진실을 무시하게 만들기도 한다. 가령 진실이기는 하지만 해당 진실을 이해하기 위해 많은 정보를 처리해야 하거나 부담스러울 정도로 노력을 기울여야 한다면, 사람들은 그저 받아들이기 편한 것을 진실이라고 생각하며 진짜 진실은 무시한다.

커피 로스팅 과정에서 가수분해가 일어나지 않는다는 사실을 이해하려면 전문적 수준의 화학식을 확인해야 한다. 하지만 생두에도 수분이 포함되어 있으니, 가열하면 수분이 날아가면서 가수분해가 일어난다는 식의 설명은 그다지 많은 정보를 처리하는 부담 없이 머릿속에 상황을 떠올리기 쉽다. 그러면서 더 진실에 가깝다고 생각하게 된다.

둘째, 단순 사고 효과Mere Thought Effect도 가짜 전문가를 만든다. 단순 사고 효과는 단순히 생각하는 것만으로 그 대상을 더 의미 있고 중요하게 느끼는 현상이다. 특정 대상에 생각을 집중할수록 다른 대상은 상대적으로 사소하게 보여 극단적으로 행동할 가능성이 높다. 시위에 나와서 하는 연설과 구호 중에 공격적인 것은 단순 사고 효과를 부채질한다.

평소에 별생각 없던 것도 "당신은 이 문제를 어떻게 생각하시나요?"라는 질문을 반복적으로 들으면 해당 문제를 더 중요하게 생각해 더 극적으로 반응하게 된다. 날씨에 따른 커피 선택도 평소에는 그다지 중요하게 생각하지 않고 넘겼는데, 계속 질문을 받으면 날씨에 따라 해당 커피를 마셔야 할 것 같아진다. 다른 사람에게도 그렇게 하라고 재촉하게도 된다. 준전문가처럼.

셋째, 통제감 착각Illusion of Control도 가짜 전문가 등장에 큰 역할을 한다. 통제감 착각은 사실상 통제할 수 없는 일인데도 자신에게 통제할 능력이 있다고 과대평가하는 경향이다. 고객의 취향은 그 사람이 오랜 시간 축적한 생활 방식과 신체적, 심리적 상황에 의해 더 많이 좌우된다. 하지만 일부 커피 전문가는 자신의 능력으로 고객의 취향을 통제할 수 있다고 생각하기도 한다.

국민의 지지를 받았던 정치인, 공무원, 검사, 변호사, 연예인들은 승승장구했기에 더 통제감 착각에 빠지기 쉽다. 원래 사람은 통제감을 착각하기 쉽다. 복권 번호를 자신이 직접 선택하든 자동으로 선택하든, 수학적으로 확률은 같은데도 사람들은 자신이 직접 번호를 선택해야 직성이 풀린다. 운을 통제할 수 있다고 생각하기 때문이다.

가짜 전문가에게서 벗어나는 길

　전문가 자신도 자기가 가짜인 줄 모르고, 그를 따르는 사람도 잘 구별할 수 없다면 어떻게 해야 할까? 차이식별 편향Distinction Bias을 긍정적으로 활용하면 된다. 차이식별 편향은 어떤 대상을 독립적으로 평가할 때보다 동시에 놓고 비교하면서 평가할 때 사소한 차이도 현저하게 큰 것으로 지각하는 경향이다.

　차이식별 편향은 전자 제품을 살 때 쉽게 확인할 수 있다. 예를 들어 반응속도가 3밀리초Millisecond, 1밀리초는 1,000분의 1초인 고가의 컴퓨터 모니터와 반응속도 6밀리초의 조금 저렴한 모니터가 있다. 3밀리초라는 차이는 기술적일 뿐 사람이 쉽게 느끼는 차이가 아니다. 하지만 두 제품을 반응속도라는 특성을 놓고 비교하면 6밀리초는 3밀리초의 두 배로 보여 그 차이를 크다고 느끼게 된다. 그래서 소비자는 돈을 더 주고서라도 사양이 좋은 것을 산다. 하지만 사양이 다른 두 개의 모니터를 동시에 놓고 집에서 작업하는 게 아닌 이상 싼 제품을 사 간 사람이나 비싼 제품을 사 간 사람이나 결과적으로 실제 경험 효용은 그리 차이 나지 않는다. 독립적으로 생각하면 평가하기 힘든 것도 상대 비교를 통해서 더 쉽게 구별할 수 있다.

커피 전문가는 하나의 원두를 여러 온도로 로스팅하고, 각각 굵기를 다르게 갈고, 드립 방법을 다양하게 하고, 물 온도를 변화시켜서 수십 잔을 만들어 시음한다. 한 잔을 놓고 여러 모금 마시는 게 아니라, 숟가락으로 한 번에 "홉" 들이켜고 코로는 향기를, 목으로는 감촉을 느낀다. 물로 입을 헹구고 다른 잔에 담긴 커피를 또 시음한다. 이런 식으로 해당 원두에 가장 좋은 로스팅과 분쇄도, 온도와 용량을 찾아낸다. 가장 좋은 맛을 결정하고 나서야 잔 받침 아래에 붙여 놓은 주요 원두 조건을 확인한다. 사전에 해당 조건에 대한 선입견으로 맛을 다르게 느낄 가능성을 막기 위해서다.

시음 기법을 사회 주요 문제에 적용해 볼 수도 있다. "누가" 이야기했느냐가 아니라 "무엇을" 이야기하느냐에 더 집중하면 지지해야 할 주장이 더 뚜렷하게 보인다. 하향식top-down으로 결정하는 게 아니라, 상향식bottom-up으로 의사결정을 하는 것임에 주의하자. 커핑 전문가도 추상적으로 생각해서 단번에 좋은 조건을 찾아내 그것만 테스트하지 않는다. 여러 조건을 실제로 만들어 놓고, 서로 비교하면서 차이를 느낀다.

전문가를 식별할 때도 특정한 한 사람만 놓고 생각하기보다는 여러 전문가를 놓고 비교한다면 차이를 더 잘 구별할 수 있다.

전문성과 같은 질적인 부분은 수치화할 수 없어 비교가 어렵다 보니 긍정적인 것은 막연히 너무 좋게, 부정적이다 싶은 것은 막연히 너무 안 좋게 평가하기 쉽다. 하지만 여러 전문가를 놓고 비교한다면 그나마 차이를 식별할 수 있다. 어떤 전문가를 그 사람의 전문적 식견 때문에 좋아한다면, 혹은 그렇게 좋아하고 싶다면 해당 전문가의 이름을 가린 상태에서 즉 블라인드 면접처럼, 커피 시음 전문가가 잔 받침에 조건을 안 보이게 적어 놓고 테스트하는 것처럼 여러 전문가 주장을 섞어 놓고 판단하려고 노력해야 한다.

권위에서 벗어나려는 노력도 필요하다. 일반인은 권위 있는 직함을 가진 사람이 주장한다는 이유만으로 그 내용이 사실[註]이라고 믿는 경향이 많다. 친구가 주장했다면 열심히 비판했을 말도 권위 있는 사람이 하면 쉽게 받아들인다. 권위에 눌려 내용의 타당성을 제대로 살피지 않기 때문이다.

정신과 전문 의사가 아닌 의사 출신 국회의원이 장관 지명자를 "사이코패스"라고 말해도 믿는 사람이 생기는 것도 주장의 타당성을 따지기 전에 권위에 굴복하기 때문이다. 텔레비전 방송에서는 해당 분야의 전문가가 아닌데도 그저 어느 대학 교수 혹은 박사라는 이유로 다른 분야에 관해서 이야기하게 한다. 시청자가 그 사람의 전문성을 정확히 평가해서 메시지를 받아들이는 것이 아니라 일단 권위가 있으면 메시지를 쉽게 받아들인다는 사실을 잘 알기 때문이다.

권위는 단지 유명하다는 이유만으로 생기기도 한다. 사람들은 유명인특히 연예인이 왔다 간 음식점이라면 일단 맛집이라 믿고 찾아간다. 심지어 드라마에서 권위 있는 의사 역할을 한 배우가 약품 광고 모델로 나와 약을 추천하고 또 사람들은 의심하지 않고 믿고 그 제품을 사는 진풍경도 나온다.

권위에서 벗어나려면 세심한 주의가 필요하다.

첫째, 권위자의 권위가 인정할 만한지 살펴봐야 한다. 전문가를 믿거나 그의 의견을 높이 평가할 수 있는 것은 그가 전문성을 갖춘 분야에서 타당한 사고 과정을 거쳐 의견을 낼 때뿐이다. 그렇지 않은 의견은 전문성을 발휘하지 않은 것이니 특별히 존중할 이유가 없다.

둘째, 전문가들은 특정 분야에 여러 가지 지식과 경험이 있지만 기본적으로 자신의 주관이 뚜렷한 사람이다. 즉 자신이 선호하는 특정 방향으로 편향되어 이야기할 가능성이 높다. 그리고 그가 해당 분야 전체를 대표하는 전문가도 아니므로 그의 의견도 단지 개인의 생각에 지나지 않을 확률이 더 높다. 무조건 믿고 따르기보다는 그의 편향을 살피는 세심함이 필요하다.

셋째, 자신이 결정할 문제가 권위자의 의견이 있어야 하는지 살피는 것이다. 당장 나가서 배고픔을 해결할 식당을 고르는 일에 음식 전문가라고 말하기 힘든 연예인의 인증이 필요한 것인지를. 내 입맛에 맞는 커피 한 잔을 기분 좋게 마시고 싶은데 커피 전문가의 조언을 꼭 따라야 하는지를.

심리학자이자 서촌에서 카페를 운영하는 필자가 쓴 커피 이야기를 냉정하게 따져 보는 것부터 시작하면 어떨까?

9.

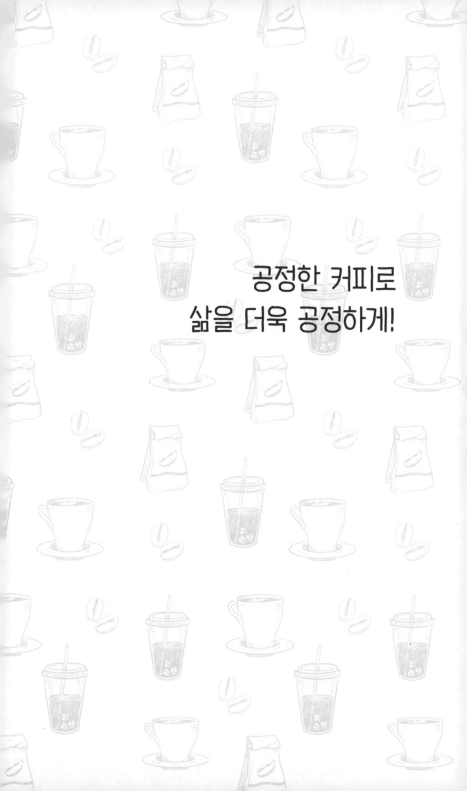

공정한 커피로
삶을 더욱 공정하게!

세상은 점점 풍요로워지는데
커피 농부는 더욱 가난해지는 역설

2019년 브라질의 커피 농사는 기록적인 풍년이었다. 농사 주인 공인 커피 농부들은 행복했을까? 아니다. 오히려 2019년 5월 아라비카 원두가 1파운드약 0.45kg당 0.86달러약 960원로 거래되자 농부들은 자기 밭을 갈아엎거나 수확을 거부하는 집단행동을 벌였다.

커피 농부는 풍년을 바라지 않는다. 오히려 흉년이 들어 커피 가격이 올라가기를 더 바란다. 오죽하면 서리 내려 흉년이 들면 신이 만든 "선물"이라고 불렀을까.

남반구가 겨울이었던 1975년 7월, 브라질 주요 커피 산지에 검은 서리라고 불리는 한파가 꽤 넓은 지역으로 퍼졌다. 대부분 커피나무가 손상을 입었고, 뉴욕의 커피 선물 시세는 세 배가량 폭등했다. 한파를 입지 않은 지역의 커피 농부들은 높은 가격에 커피를 팔 수 있다며 자연재해를 신의 선물로 여겼다. 다른 지역의 불행이 자신의 행복이 되는 것을 마다하지 않았다. 재해 입은 농부도 다시 농사를 지어 올라간 커피 시세로 몇 년 안에 손실을 복구할 수 있으리라는 희망을 품었다. 미래에는 나아지리라는 희망이 있으니 비참한 현실은 참아낼 수 있었다.

하지만 지금은 그런 신의 선물도 사라졌다. 자연재해는 그 후로 4년에서 7년마다 꾸준히 닥쳤지만 커피 생두 시세는 별로 변하지 않았다. 1979년 12월 뉴욕에서 커피 선물거래가 시작된 이후 꾸준히 하락해서 커피 시세는 당시 개장 초기 가격 1.8달러의 절반 수준에 머물러 있다.

커피 생두 시세는 브라질 일부 커피 산지의 서리 피해가 보도된 직후에 조금 오르기는 한다. 하지만 늘 바닥을 치던 커피 가격이 오르면 국제 투기 세력들이 뉴욕 선물거래시장ICE의 시세표를 보다가 에티오피아 상품 거래소ECX, Ethiopia Commodity Exchange와 같은 국가별 곡물 시장을 참고해서 시세 차익을 얻을 수 있으니 대량으로 커피 생두를 내놓는다. 선물시장에 매도 물량이 늘어나니, 흉년이어도 커피 시세는 하락 압력을 받아 실제 공급량이 많아지지 않았음에도 다시 원래 가격으로 돌아온다.

풍년이든 흉년이든 최근의 코모디티 커피commodity coffee 생두 가격은 파운드당 1달러 수준에 머물러 있다. 커피의 국제거래가 시작된 지 40년이 흘렀지만 오히려 시세가 반 토막 난 것도 이상한 일이다. 40년간 전 세계 국내총생산GDP이 평균 여덟 배 증가한 것과 다른 비용의 물가 상승률을 고려하면 절반 이하라고 표현할 수도 없을 정도로 살인적인 수준으로 가격이 내려갔다. 실제로 2019년 5월 콜롬비아 커피 농부들은 죽은 가난한 농부의 사진을 들고 시위하기도 했다.

커피 생두는 품질을 평가하는 큐그레이더Q-grader가 등급을 평가한 것으로 나뉜다. 범용적으로 가장 많이 소비되는 코모디티 커피, 각 커피 산지별 지역적 특성을 갖춘 커피인 프리미엄 커피 premium coffee, 불량 원두가 극히 적고 향미가 뛰어나고 산지 특징이 명확한 스페셜티 커피specialty coffee로 나뉜다. 코모디티 커피가 교역량이 많지만 부가가치는 높지 않다. 프리미엄 커피와 스페셜티 커피가 부가가치가 있다. 그런데 국제시장에서는 브라질의 산투스에서 거래되는 코모디티 커피 시세를 참고해서 각 커피 시세를 정한다. 그리고 그 시세는 국제적 곡물회사와 커피 프랜차이즈들의 자본으로 좌우된다.

결국, 국제커피기구ICO, International Coffee Organization가 밝힌 바대로라면 전 세계 2600만 가구, 적어도 1억 명 이상이 넘는 커피 농부들의 삶이 작황 상태가 아니라, 커피 시세를 결정하는 자본가 세력에 더 영향을 받는 셈이다. 이것은 커피 업계뿐만 아니라, 신자유주의 시대에 거의 전 부문에서 확인할 수 있는 문제점이기도 하다.

한 예로 커피와 같은 일이 한국 택배 산업에서 일어나고 있다. 약 15년 전 택배비는 기사 몫이 한 건에 1250원이었다. 지금은 거의 절반에 가깝게 내려가서 건당 700원 이하가 되었다. 자본으로 무장한 CJ가 택배 시장에 진출하면서 저가 정책을 펼쳤다. 당시 대량 물류 거래처는 1건당 2500원이 일반적이었다. 그런데 대기업 주도로 출혈 경쟁한 끝에 1100원까지 후려치면서 소규모 택배사가 줄줄이 도산했다. '소비자에게 저렴하고 좋은 서비스를 제공'하기 위해 사업한다고는 하지만, 사실상 대기업 물류회사는 외국기업 택배사와 중소 물류회사가 사라진 곳에서 자신들의 이익을 효율적으로 극대화하고 있다. 택배 기사가 가져가던 정당한 이익을 쥐어짜면서 말이다.

이것이 한국만의 문제가 아님을 영국 영화 〈미안해요, 리키 Sorry We Missed You, 2019〉를 통해서도 확인할 수 있다. 열심히 살아도 커피 한 잔 맘 놓고 마실 수 있는 여유가 나지 않는 삶, 커피 수확량처럼 물류량이 많아져도 더 나아지지 않는 삶이 있다면 개인적 문제를 논하기 전에 불공정한 시스템이 그 뒤에 있는 게 아닌지 의심해 봐야 하지 않을까?

커피를 재배한 수익은 누구에게 돌아가는가?

커피 생두 가격으로 1파운드에 1달러가 공정한지 농부 입장에서 생각해 보자. 커피나무를 심으면 최소 3년 후에는 커피나무에 열매가 달린다. 대부분 5년은 되어야 괜찮은 열매가 달린다. 그전 기간은 투자인 셈이다. 커피나무의 수명은 50년 정도지만, 커피나무가 실제 열매를 생산할 수 있는 기간은 20년에서 30년 사이이다.

농부는 체리와 같은 커피나무의 빨간 열매를 따서 씨를 싸고 있는 끈끈한 점막이 나올 때까지 과육을 벗겨 낸다. 과육 찌꺼기를 물로 씻어 내면 워시드 프로세싱_{washed processing}이 되고, 밖에 널어놓고 자연적으로 발효되도록 하면 내추럴 프로세싱_{natural processing}이 된다. 드립 커피 전문점에서 워시드, 내추럴을 구별해서 원두를 표시하는 것은 건조 전 세척 과정에 따라 맛이 완전히 달라지기 때문이다. 내추럴이 해당 산지의 기후와 풍토에 더 많이 영향을 받는다.

여하튼 생두는 커피나무 열매 안에 있던 씨다. 커피 과육 3*kg*을 모아야 평균 430g의 커피나무 씨를 얻을 수 있다. 결국 과육 3*kg*을 수확해도 1달러가 안 되는 돈을 얻는 것이고, 1*kg*의 생두를 얻으려면, 농부가 최소 7*kg*의 과육을 커피나무에서 따야 한다. 기계화된 곳도 있지만, 영세한 농장일수록 인력으로 해결한다. 농부의 고단한 삶이 조금씩 보이기 시작한다.

한국 카페에서 많이 쓰는 아라비카 커피는 열대지방의 고산지대에서 자란다. 가장 따뜻한 달의 기온이 25℃ 수준이고, 가장 추운 달의 온도가 13℃ 아래로 내려가지 않는 식으로 일 년 내내 덥지도, 춥지도 않고 비가 자주 내리지만 습하지 않고, 풍성한 햇살과 선선한 바람이 부는 지역이어야 커피가 자란다. 한마디로 기후는 쾌적하다. 하지만 고산에서 커피를 기르고 열매를 채취해야 하는 농부의 삶은 쾌적하지 않다.

커피 생산의 부가가치는 열매를 수확한 이후 건조, 탈곡, 선별, 물류로 공급하는 과정에서 생긴다. 그런데 영세하고 교육 수준이 높지 않은 농부들은 자신이 프리미엄 커피와 스페셜티 커피를 생산해도 부가가치를 만들어 내지 못한다. 일부 영악한 중개상인 때문에 그렇다.

커피 중개상인들은 농부들이 가난하다는 것을 이용한다. 커피를 수확하려면 기본 생활을 하고 커피를 키울 비료와 농약 등을 살 돈이 필요하다. 그런데 부가가치를 만들어 내지 못했던 농부에게는 모아 놓은 돈이 없다. 그래서 중개상인에게 수확할 커피를 담보로 돈을 빌린다. 커피 가격이 올라가도 이득은 중개상인과 그 이후 과정에 참여하는 세력이 나눠 갖게 될 뿐, 농부는 계속 빈곤하게 살 수밖에 없다.

1970년대만 해도 커피 생산자는 소매점에서 팔리는 커피 평균 가격의 20%를 차지했지만, 현재는 유럽이나 북미 지역의 카페에서 팔리는 커피 한 잔 평균 가격의 1%에서 최대 3% 이내에 머문다.

풍년이어도 이득이 늘어나지 않는 삶. 오로지 중개상에게 넘길 커피 물량에만 관심을 두게 된다. 품질이 아니라 커피 열매 무게에만 매달리다 보니 커피 품질이 낮아진다. 품질이 낮아지면, 결국 중개상에게 커피를 사가는 무역업자의 고려 대상에서 탈락하게 된다. 그러면 중개상도 더 값을 후려쳐서 계약하거나, 계약 자체를 파기하고 만다. 계약해도 빈곤, 하지 않아도 빈곤하다. 하지만 그나마 계약해서 입에 풀칠이라도 할 수 있을지도 모르는 가능성에 도전한다. 더 나은 기회를 찾아 담배나 콩 등 대체 작물을 심는 농부도 있지만.

커피 생산국은 이른바 개발도상국 이하의 나라들이고, 국제적으로 유명한 커피 브랜드 기업은 미국과 유럽의 선진국들이다. 생산을 제외한 가공, 유통, 로스팅, 판매 등 부가가치가 있는 것들은 선진국이 담당한다.

이쯤 되면 중개상과 무역업자, 국제 기업 자본은 그렇다 치고, 해당 커피 생산 국가는 자국민인 농부를 위해서 국내외적으로 나서야 하지 않을까 하는 의문이 든다. 브라질은 전 세계 커피 생산량의 약 30%를 차지한다. 그런데 총수출에서 커피가 차지하는 비중은 2.8% 수준에 불과하다. 국가에서는 커피 농부에 대한 배려를 특별히 더 많이 할 근거가 없다는 이유로 무시하고 있다.

총수출에서 커피 비중이 많은 아프리카라고 해서 커피 농부를 배려하는 정책이 더 마련된 것은 아니다. 커피 농사 자체가 부가가치가 높지 않으면서도 위험이 큰 산업이기 때문이다. 가뭄, 홍수, 냉해 등 예측 불가능한 자연재해뿐만 아니라 병충해에 약하다. 더구나 커피는 다른 농작물처럼 자연재해에 따라 가격이 변동했을 때 내수로 소비하며 농부가 수익을 보전받을 수 있는 품목이 아니다. 커피는 수출 주력 품목이며, 애초에 가격이 낮고 부가가치도 낮기에 국가에서도 지원할 이유를 찾지 못하고 있다. 에티오피아는 세계 6위의 커피 생산국이지만, 전체 커피 시장에서 차지하는 비중은 5% 수준에 불과하다. 적극적으로 지원책을 만들어서 국가경쟁력을 높이려는 투자 계획을 세우기 힘든 실정이다.

결론적으로 수십 년간 커피 농부가 불공정한 악순환에 계속 노출된 상태에서, 커피 산업이 커지고 있다. 향긋한 커피에 커피 농부의 비참한 눈물이 담겨 있다는 사실을 알면 커피를 맘껏 즐기기 힘들다. 왜냐하면 사람에게는 다른 사람이 불공정한 처우를 받는 상황을 보면 불편함을 느끼는 심리적 기제가 있기 때문이다.

불공정이 불편한 심리적 이유

도덕심리학의 합리주의 입장에 따르면, 인간은 어릴 때부터 피해를 보기 싫다는 경험을 통해 피해가 잘못임을 알게 된다. 자라면서 다양한 사회적 관계에서 경험을 쌓다 보면 타인의 피해도 잘못임을 인식하고, 나아가 공정성이 무엇인지 알게 된다. 그래서 자기든 남이든 피해를 보고도 보상받지 못하는 상황 즉, 불공정한 상황을 보면 잘못되었다고 생각하며 스트레스를 받는다.

한편 자의식 연구자인 마크 리어리Mark Leary의 '사회성 계량기' 이론에 따르면, 인간은 다른 사람이 자신을 어떻게 판단할까에 민감하다. 리어리 박사의 실험에 참여해 스스로 독자 노선을 당당히 걷는다고 주장하는 사람조차 타인의 평가에 신경쓰고, 영향을 받았다. 다만 그렇지 않다고 고집부리는 것뿐이었다.

리어리 박사의 연구를 보면, 사람이 원래 엄청 도덕적이거나 공정성에 민감한 존재라서 불공정에 불편함을 느끼기보다는, 불공정한 일을 묵인하면 남들로부터 사회적으로 긍정적 평가를 받을 수 없다고 생각해서 공정을 주장하고, 불공정한 일에 불편해하는 반응을 보인다.

만약 상호작용하는 타인들이 공정성에 대해 민감해하지 않는다면 어떨까? 굳이 불편함을 드러내지 않고 넘길 가능성도 크다. 명절 때 가족 중 한 명의 입에서 마음에 안 드는 말이 나와도 그러려니 하면서 그냥 넘기거나 민감한 타인들과 함께할 때보다 수위를 낮춰서 반응하는 것처럼. 절대적인 도덕 기준에 의해서 판단한다면 반응이 달라질 이유가 없다.

심리검사를 할 때 사람은 솔직하게 자신의 의견을 표현하지 않고, 다른 사람들이 보기에 사회적으로 바람직하다 싶을 의견을 내놓는다. 심리학자는 검사를 만들 때 사회적 바람직함 social desirability이 결과를 왜곡하지 않도록 여러 각도로 질문할 정도다.

또 다른 이유로는 공정한 세상 편향just world bias을 들 수 있다. 사람들은 세상은 공평해서 자신이 응당 받아야 하는 결과를 받게 되어 있다고 생각한다. 즉 나쁜 일을 당하면, 그 사람에게 나쁜 심리나 행동적 요소가 있었을 것으로 생각하고, 좋은 일을 당하면 그만큼 좋은 심리나 행동적 요소가 있었으리라 여긴다. 예를 들어 강간 피해자는 뭔가 그 사람이 부주의한 기질을 갖고 있었고 그렇게 행동해서 범죄에 노출되었다고 생각하는 것도 공정한 세상 편향 때문이다.

이 편향에 따르면 세상은 원래 공정하지만 예외적으로 불공정한 일이 일어난다고 생각한다. 하지만 사실 세상은 본래 공정하지 않을 수도 있다. 몹시 나쁜 놈이 성공해서 부러움과 존경의 대상이 되거나, 덕을 베풀던 사람이 조심스럽게 길을 다녀도 갑작스럽게 인도로 돌진하는 차에 목숨을 잃을 수 있으며, 퇴근길 불시에 덮쳐 온 괴한에게 성범죄를 당하는 게 세상이니까.

그런데 이렇게 세상의 본질이 불공정하다고 생각하면 어떨까? 노력해도 성공하거나 행복할 수 없고, 정성을 다해도 다른 사람의 인정을 받기 어려운 게 당연하다고 생각하면? 열정도 의지도 동기도 가질 필요성을 느끼지 못한다. 설령 행동하더라도 긍정적인 결과를 기대할 수 없어 행동하는 내내 스트레스가 더 클 것이다. 그래서 인간은 생존과 행복을 위해 무의식적으로 공정한 세상 편향을 만들었다.

편향은 생각이 무의식적으로 특정한 방향으로 쏠리는 현상이다. 공정한 세상이라고 생각하고 있는데, 공정하지 않은 세상의 모습이 나오면 생각이 쏠리던 방향을 거스르게 되니 불편할 수밖에 없다.

불공정한 세상에서 공정을 유지하는 데 필요한 것

커피 생두 가격은 제2차 세계대전 이후 1950년까지 꾸준히 오름세를 유지했다.

그러다가 농지 확대, 비료, 농약 등 관련 기술 발달로 커피 생산량이 증가해서 가격이 내리기 시작했다. 전 세계 약 60%의 커피 교역량을 차지하는 남미의 커피 생산국이 중심이 되어 가격 유지를 위한 국제협정ICA, International Coffee Agreement을 1962년에 만들었다. 그 후 점차 회원국을 늘리며 가격 조절 순기능을 담당하는 듯했다. 하지만 1989년 미국이 자유무역을 이유로 ICA에서 탈퇴하면서 커피 가격은 급락했다. IMF와 세계은행은 구조조정 정책SAP으로 커피 생산국가의 커피 산업을 민영화했고, 효율성을 높인다는 명목으로 개인 무역업자끼리 경쟁하도록 구조를 바꾸어 놓아 하락세는 시작되었다.

그 후 브라질과 베트남 등에서 대형 농장이 기계로 커피를 수확하면서 생산량이 비약적으로 증가하자 가격 하락세는 계속되었다. 그리고 생산에서 소비자까지 이어지는 관계자들의 이익 추구 상황이 복잡해지면서 지금과 같이 커피 농부에게 불공정한 상황이 벌어졌다.

커피 재배 농민은 애초에 대량생산 시스템을 갖출 돈이 없었다. 돈을 가진 사람이 가공시설을 만들고, 기계를 들여오고, 영농 조합을 만들고, 도정공장을 만들었다. 여기에 커피 산지와 멀리 떨어진 곳에 있는 커피 거래소 시장, 국내 수출업체, 글로벌 곡물회사, 해외 수입업체, 로스팅 업체, 해외의 카페 프랜차이즈, 개인 커피전문점, 일반인 대상 소매 유통시장 관련자들이 이익을 챙기면서 최종 소매가격이 올라갔다. 생산지의 생두 가격은 오히려 내려가고 있지만 말이다.

왜 이런 현상이 벌어지는 것일까? 신자유주의 시대에는 "공정성"보다 "효율성"이 중요하다. 전 세계 커피 거래의 40%를 움직이는 메이저 네 개 곡물회사와 커피 트렌드를 조성하는 글로벌 커피 프랜차이즈 기업들은 신자유주의 시대에 잘 적응한 기업이다. 그들은 "공정"이 아니라, 얼마나 낮은 가격에 생두를 사들여 원가를 "효율적으로" 낮춰 이익을 극대화할까가 가장 큰 관심사다. 자기 기업 내부 개혁으로 원가를 낮추는 것보다는 힘없는 농부를 억눌러 쉽게 이익을 얻는 방법을 "신의 선물"처럼 여기며 기쁘게 활용한다. 이런 상황은 공정에 가까울까?

제국주의 시대부터 커피는 힘 있는 국가가 힘없는 국가를 착취하는 주요 물품 중 하나였다. 수백 년이 지난 지금도 마찬가지라면 역사가 진보했다고 볼 수 없다. 이에 대한 각성으로 1980년대부터 조금씩 착취 없는 사회에 대한 고민이 쌓이기 시작했다. 그러면서 자연스럽게 1950년대에 이미 개념이 제기된 공정무역Fair trade이 대안으로 자리 잡기 시작했다.

그런 노력이 모여 만들어진 세계공정무역기구WFTO의 공정무역 10원칙은 다음과 같다.

① 경제적으로 소외된 생산자들을 위한 기회 제공
② 투명성과 책무성
③ 공정한 무역 관행
④ 공정한 가격 지급

⑤ 아동 노동과 강제 노동 금지

⑥ 차별 금지, 성 평등, 결사의 자유 보장

⑦ 양호한 노동조건 보장

⑧ 역량 강화 지원

⑨ 공정무역 홍보

⑩ 환경 존중

공정무역 10원칙대로만 하면 커피 농부에게도 공정한 세상이 만들어질 것 같다. 안 그래도 공정무역기구에서는 커피에 신경을 많이 쓰고 있다. 공정무역에서 커피는 50% 정도의 비중을 차지할 정도로 중요한 품목이기 때문이다.

국제공정무역기구에 따르면 현재 32개국 582개의 공정무역 인증 커피생산자조합이 있다. 조합은 대부분 남미와 카리브해 지역에 있으며, 윤리적 소비에 대한 관심으로 판매량은 꾸준한 성장세를 보인다. 하지만 공정무역 커피에 참여한 농부에게 가는 돈은 그래도 40년 전 생두 가격보다 적은 파운드당 1.5달러 수준이다. 공정무역 커피라고 인증되었어도, 실질적으로는 WFTO가 주장한 공정한 가격 지급 수준이 되기에는 멀었다. 이런 상황에서도 공정하다며 소비자 관점에서 마치 문제가 해결된 것처럼 생각하도록 하는 게 옳은 일일까?

지금은 예전보다 더 많은 사람이 공정무역 커피를 구매하면서 다양한 논의가 제기되고 있다. 안 그래도 농약과 비료 살 돈이 없어 유기농을 할 수밖에 없었던 영세농에게 외부의 논리로 환경인증 비용을 부담시키는 것이 공정한지에 대한 의문, 소비자의 희생과 배려만이 아니라 생산자와 중개 기관·소비자의 이익을 더 확보하는 길은 무엇일까 하는 과제, 공정무역 커피라고 해서 소비자가 바라는 더 맛있는 커피라고 할 수 있을까의 문제 등이 제기되고 있다.

공정무역 커피 구매를 기부 행위로 본다면 문제가 없지만, 만족을 위한 물품 구매 행위로 본다면 공정무역 커피에 대한 품질 등급 관리도 중요한 쟁점이 된다. 그래서 최근에는 소비자 기호에 맞게 특정 향미를 가진 커피를 생산하는 농장과 계약을 맺어 품질을 관리하면서도 농부에게 직접 더 많은 돈이 가도록 하는 마이크로 랏Micro Lot 방식도 인기를 끌고 있다.

더 중요한 이슈도 있다. 공정무역 커피는 "공정"을 강조한다. 사회심리학자인 조너선 하이트Jonathan Haidt의 주장에 따르면 공정성은 부정, 기만, 반칙이 없는 상황이다. 자기 이익을 위해 남을 속이거나, 정의롭지 못한 방법으로 자원을 얻거나, 노력하지 않고 성과를 나누려 한다면 불공정하다고 주장한다.

만약 공정무역 커피가 또 다른 기만 도구가 된다면? 희생이 아니라 분노로 응징해야 할 대상이 아닐까? 예를 들어 글로벌 커피 프랜차이즈는 공정무역 커피를 취급한다고 선전하지만 실제로 공정무역 커피는 전체 제품의 1%나 2%에 지나지 않는다면? 매장에 공정무역 커피 인증마크를 붙이는 것은 실제로 윤리적인 것이 아니라, 윤리적인 척하는 기만에 더 가깝다. 공정의 반대다.

스타벅스는 '스타벅스 긴급 농부구호기금Starbucks Emergency Farmer Fund'이라는 이름으로 2000만 달러의 기금을 만들어 운영하고 있다. 하지만 세부 집행 내용을 아직 공개하고 있지 않다. 그나마 이런 기금을 운용하는 글로벌 업체는 스타벅스가 유일하니 일단 칭찬할 만하다. 그러나 혹시라도 마케팅 홍보를 위한 것은 아닌지 따져볼 필요도 있다.

2018년 기준으로 스타벅스는 6억 5000만 파운드의 커피를 샀다. 2011년보다 2억 파운드 이상 사들인 셈이다. 2010년대에 스타벅스는 그만큼 비약적으로 발전했다는 뜻이다. 그런데 농부의 경제 사정도 나아졌을까? 그 시기에 스타벅스는 2012년에 생두를 파운드당 평균 2.56달러에 구매했고, 2013년에는 1.92달러에, 2014년에는 1.72달러에 구매하는 식으로 점점 가격을 낮췄다. 당시 코모디티 커피의 하한가보다는 몇 센트라도 더 높은 금액이었다. 하지만 농부의 손익분기점인 2.50달러보다 싼 가격에 사고 있다. 스타벅스가 커피 농부를 위해 기금을 만드는 마음 그대로 손익분기점에 해당하는 가격으로 산다면 시장 판도가 바뀔 수도 있다.

참고로 2000만 달러의 기금은 스타벅스 기업 가치인 약 1028억 달러의 0.02%도 안 되는 금액이다. 스타벅스의 연 매출 약 224억 달러의 0.08% 정도의 금액이다. 8%가 아니라 0.08%! 연봉 3000만 원 직장인이 연말에 2만 원을 기부했다면 스타벅스보다 더 높은 비율로 기부한 셈이다.

스타벅스가 일부러 가격을 후려쳐서 위기를 만들고는 수익의 일부를 기금으로 내놓고 생색낸다고 주장하려는 게 아니다. 그렇게 오해를 받을 수도 있으니 더 공정해지려고 노력해야 한다고 주장하는 것이다.

소비자에게도 비슷한 말을 하고 싶다. 다른 사람들의 시선을 생각해서, 소비자들이 자신의 윤리성을 드러내기 위해서 공정무역 커피를 구매한다고 주장할 게 아니다. 전 지구적 공동체 의식을 발휘해서 커피 농부의 행복을 바라는 마음으로 구매한다면, 더 투명하게 농부에게 돈이 전달되는지 확인하고, 자신의 행복을 위해서도 소비자로서 더 맛있는 커피를 요구하는 등의 노력을 해야 한다. 그게 진짜 공정한 것 아닐까?

다큐멘터리 영화 〈블랙 골드Black Gold〉에서 말라위의 경제부장관은 이렇게 말했다.

"우리는 원조를 원하지 않는다. 우리는 무역을 원한다."

지속 가능하게 하려면 일방의 희생과 배려를 뛰어넘어 공정성에 대해 고민해야 한다. 수혜자도 공정성을 원한다.

ICO에 따르면 지난 10년간 커피 소비는 연평균 2.1%씩 증가했다. 국제공정무역기구Fairtrade International의 주장대로라면 매일 전 세계적으로 20억 잔의 커피가 소비되고 있다. 이익을 더 공정하게 나눠 갖는 방향으로 조금만 바꾸어도 커피 농부의 삶은 달라질 것이다. 그것이 나비 효과로 어떤 긍정적인 성과를 만들지 모를 일이지만. 적어도 안정적인 커피 생산은 가능할 것이다. 2019년에 발표된 에티오피아 환경·기후변화 및 커피숲포럼ECCCFF 공동연구팀의 연구에 따르면 생계 문제로 인한 커피 농부의 이탈과 환경 파괴로 인해 2040년에는 커피 생산이 멸종 직전 수준으로 떨어질 수 있다면서 공정무역을 대안으로 주장하는 실정이니 말이다.

먼 나라 이야기가 아니다. 현대경제연구원에 따르면 2018년 기준 국내 20세 이상 인구의 연간 1인당 커피 소비량은 약 353잔으로, 세계 인구 연간 1인당 소비량인 132잔의 세 배에 달한다. 한국의 원두 소비량은 약 15만 톤으로 세계 소비량의 2.2%를 차지하여 세계 6위 규모다. 이런 나라에서 모범적으로 공정한 커피 문화를 만든다면 어떨까? 그런 태도와 경험으로 이 나라의 다른 불공정한 문제에 대해서도 고쳐 나가면 어떨까? 사람의 삶의 가치를 효율성보다 더 높게 보고 좋은 선택을 해 나가면 어떨까?

그러기 위해서는 좀 불편해도 따져 보는 습관이 필요하다. 사회심리학자 톰 길로비치_{Tom Gilovich}의 연구에 따르면 사람들은 자신이 믿고 싶어 하는 사실 앞에서는 "내가 이것을 믿어도 될까?_{can}"를 넣어서 말한다. 그리고 믿고 싶은 마음에 그 주장과 일치하는 증거를 찾아 나선다.

가짜 뉴스도 믿고 싶어 하는 것과 일치하기만 하면 증거라고 생각하며 바로 믿기 쉽다. 그게 세상의 공정성을 더 깨뜨리는 일인 줄 모르고 말이다. '공정', '정의', '구호' 등 좋은 단어를 넣어서 하는 주장은 믿고 싶은 마음이 든다. 하지만 불공정한 일을 벌이던 독재자들도 그런 번지르르한 주장을 많이 했음을 잊지 말고 불편해도 따져봐야 한다. 공정하고 싶은 여러분

의 마음을 기만하는 외부의 시도부터 막아야 세상은 더 공정
해진다.

10.

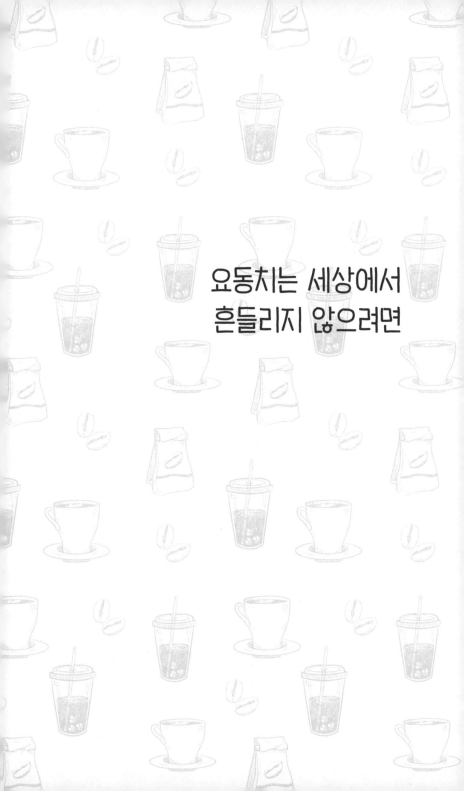

요동치는 세상에서
흔들리지 않으려면

사회적 거리 두기의 일상화,
새로운 사회성을 길러야 할 때

　코로나19는 세상 사람들의 삶을 완전히 바꿔 놓았다. 그중 가장 눈에 띄는 변화는 바로 '사회적 거리 두기'다. 바이러스는 사람들을 예전보다 훨씬 많이 혼자 있어야 하는 시간으로 내던졌다.

　이렇게 내던져진 시간이 진정 여가일까? 여가는 "일이 없고 한가롭고 자유로운 시간"을 뜻한다. 혼자 쉬었던 공간에서 재택근무를 하고 그 공간에서 다시 쉬는 생활 방식은 휴식과 일의 구별을 모호하게 하고 뭔가 거대한 벽 앞에 얼굴을 박고 있고 답답한 시간을 던져 준 것은 아닐까?

　코로나19 이전에는 여가가 주어지기만 하면, 집에서 일할 수만 있으면, 가족과 더 오랜 시간을 보낼 수 있으면, 혼자 있으면 등등 적당한 조건을 추가하면 휴식을 취할 수 있을 줄 알았다. 하지만 막상 그런 조건을 줘도 휴식을 취하지 못하고 오히려 스트레스를 받은 사람이 많다. 왜 그런 것일까? 휴식에 대해서 제대로 알지 못하고 휴식을 취하려 해서 그런 것은 아닐까?

사람들은 시간이 날 때 여행으로 여가를 보내려고 했다. 그러나 코로나19는 여행 자체를 막았다. 애초에 여행이 여가를 위한 최고 대안인 것 자체도 문제였다. 《사피엔스》[10]의 유발 하라리 교수가 "휴가를 내고 자기 삶과 아무런 관계가 없는 곳으로 여행을 가서 삶에 긍정적인 변화가 생기기를 기대하는 것이 현대 소비 문명이 심어 준 신화"라고 주장했듯이. 만약 이국적인 체험이 주는 활력소를 찾아 여행하는 것이라면 새로운 취미로도 여가의 기쁨을 얻을 수 있지 않을까?

코로나19는 누구나 언제든지 바이러스에 노출될 수 있고, 일상은 허망하게 무너질 수 있음을 보여 줬다. 다음에 어떤 바이러스가 인류를 위협할지 모르는 상황에서 지속 가능한 취미로 거리 두기에 대비하는 것은 어떨까?

지금 세상은 상시 방역과 사회적 거리 두기를 기본으로 생각하기를 권장한다. 이게 참 힘들다. 인간은 사회적 동물이다. 즉 진화적으로 인간의 마음은 개인이 아닌 집단 속에서 발달했고, 개인적으로도 가족이나 친구, 이웃, 세상 사람들과의 상호작용으로 마음이 성장했다.

그런데 사회적 거리 두기는 사회성이라는 기본적 요소부터 다시 생각하게 한다. 긴밀한 대면 접촉보다는 물리적으로 좀 떨어진 교감, 혹은 아예 온라인으로 교육받고, 교류하고, 일하고, 쉬

---

10. 조현욱 옮김, 김영사, 2015.

며 사회적 욕구를 해결하라고 한다. 지금까지 알았던 규범이 쓸 모없거나 현실과 맞지 않는다는 느낌이 들 때 인간은 아노미에 빠진다. 가치관의 혼란 혹은 붕괴. 그래서 코로나19 이후의 세상 은 심리적으로 더 힘들다.

그런데 사회성의 핵심을 잘 생각하면 대안도 있다. 사회성은 타인과 잘 지내는 것만 의미하지 않는다. 타인의 눈으로 자기 자신을 보고 사회적 규범에 맞게 자신의 마음과 행동을 조절하는 능력도 사회성이다. 사회성 없이 자부심을 느낀다면 그것은 나르시시즘Narcissism 성격장애에 가깝다.

미국의 사회학자이자 심리학 발달에 크게 공헌한 조지 허버트 미드George Herbert Mead의 주장처럼, 인간의 건강한 자아개념 역시 타인의 존재 없이는 생겨나지 않는다. 만약 이런 내 모습을 누군가 본다면 얼마나 멋있을까, 얼마나 한심할까, 얼마나 싫을까 등을 생각하면서 자부심, 자기연민, 죄책감 등의 다양한 감정을 경험한다. 혼자 밥 먹기를 꺼리는 사람이 두려워하는 건 혼자 식사하는 상황 자체가 아니다. 그런 자신을 남들이 보고 내릴 부정적 평가가 두려운 것이다.

만약 혼자 밥 먹는 것을 남들이 '저 사람은 복닥복닥 치이지 않고 혼자 여유를 즐기는군'이라고 생각한다면 혼자 밥 먹기를 두려워할 이유가 없다. 결국 남이 보는 나에 대한 인식, 즉 '자의식'이 마음 관리에 중요하다. 물리적인 사회적 거리두기 시대에도 마음 관리에는 긍정적인 심리적 사회성이 중요하다.

비록 내던져진 여가더라도 인간의 선택은 남아 있다. 기존의 자기 세계에 머물며 사회적 거리 두기 속에서 더 고립될 것인지, 사회성을 발휘해서 마치 함께하는 것처럼 타인을 고려하며 새로운 자기 세계를 만들 것인지.

취미로 자신을 구하자

물론 기존에 좋아했던 취미 활동을 계속해도 된다. 우울한 세상 속에서 행복을 얻을 수 있다면. 하지만 이번 기회에 타인이 보기에도 취미의 세계로 뛰어드는 것은 어떨까? 옹기종기 모여서 바이러스 침투 위험에 노출되는 상황과 거리가 먼 취미로.

취미의 사전적 정의는 '개인의 여가를 이용해, 즐거움 때문에 하는 규칙적인 활동'이다. 세부적으로 살펴보면 다음과 같다.

첫째, 취미는 즐거움이 목적이다. 즐거움은 객관적인 게 아니다. 어떤 사람에게 등산은 즐거움이 아니라 괴로움이지만, 등산 동호회 회원에게는 즐거움일 수 있다. 즉 취미의 즐거움은 지극히 주관적이다. 하지만 그 즐거움에도 타인의 인정을 받는다는 사회성 요소가 들어갈 수 있다. 등산이 좋은 이유를 동호회 회원에게 물어보면, 자신이 즐겁게 누리는 멋진 요소를 나열하는 사람이 많다. 타인도 알아주기를 바라면서. 단, 순서를 뒤집어서는 안 된다. 타인도 알아주기를 바라면서 억지로 즐거워하는 게 아니다. 자신이 즐거워하는 요소에서 타인도 인정할 수 있는 요소를 찾는 거다. 타인의 인정만을 목적으로 하면 그것은 취미가 아니라 인정 투쟁이 되고 만다.

둘째, 여가가 있어야 한다. 여가에 일부러 하는 행동이 취미다. 즉 취미는 자발성을 바탕으로 한다. 사회심리학자 쿠르트 레빈Kurt Lewin의 이론에 따르면 주어진 일이 타인에 의해 억지로 짐지어진 것이고 지루할수록 취미에서 느끼는 즐거움은 커진다. 이 글에서 특정 취미를 추천하지만, 여러분의 자발성이 더 중요하다는 뜻이다. 그리고 지겨운 상태에 있을수록 취미를 선택했을 때 즐거움이 커질 수 있다는 뜻이기도 하다.

셋째, 취미는 규칙적이어야 한다. 그냥 한번 하고 마는 체험과 취미는 다르다. 이국적 체험은 생경함이 사라지면 금방 지겨워진다. 외국 여행 가서 일주일 정도 지나면 피곤하고 지겨워지는 것처럼. 취미가 있는 사람은 생경함이 사라져도 스스로 의미를 찾아내고 더 노력해서 성장하려는 욕구가 있다. 그래서 취미 활동을 오래 한 사람은 전문가 수준의 지식과 기술이 있고, 때에 따라서는 아예 취미를 직업으로 바꾸기도 한다. 이 경우에도 순서를 뒤집지 않는 게 좋다. 직업을 갖기 위해 취미를 갖는 게 아니다. 즐거움을 먼저 찾아 규칙적으로 그 즐거움을 심화시키다가 전문가가 되는 것이다.

이 취미의 요소는 어느 대상이나 적용할 수 있다. 커피도 그중 하나다.

커피를 취미로 삼았다면

카페에서 커피 마시기를 규칙적으로 하는 사람이 있다. 한적한 카페에서 최소 2m의 여유를 두고 자신이 좋아하는 커피를 마시는 거다. 분위기 좋은 카페를 찾아다니거나, 맛난 커피를 찾아다닐 수도 있다. 좋아하는 사람과 마스크를 쓰고 대화해도 된다. 확실히 커피를 마시는 것은 취미가 될 수 있다. 이것은 별로 새롭지 않다.

역시 별로 새롭지 않고 이미 많은 사람이 하는 커피 관련 취미도 있다. 커피를 직접 만들어 마시는 취미. 혼자 할 수 있고, 혼자 해서 더 재미있고 시간도 잘 가고 파고들수록 지식과 기술도 쌓이고 보람도 있는 취미다. 다른 사람들이 보기에도 자기 취향을 확고하게 추구하니 멋져 보일 수 있다. 커피를 취미로 직접 만들어 마시고 싶은 분들을 위한 정보를 정리하자면 다음과 같다.

① 원두 고르기

대한민국은 관상용, 실험용으로 커피나무를 재배할 수는 있다. 하지만 상업용으로 커피나무를 재배할 수는 없는 환경이다. 따라서 자신이 커피를 직접 만들어 마시는 취미를 커피 재배부터 시작하는 사람은 거의 없다. 외국 농장과 직접 계약하거나 경매로 나온 커피를 수입하는 것부터 시작하는 사람도 거의 없다. 사업이 아닌 취미로 커피를 만들어 마신다고 할 때는 생두 판매 업체에서 생두를 사다가 로스팅하는 것부터 시작한다.

로스팅하려면 방법을 알아보기 전에 일단 로스팅할 대상인 커피 생두의 특성부터 이해해야 한다. 그래야 자신의 취향에 맞는 생두를 고를 수 있다. 아무리 로스팅 기술이 좋아도 원래 생두가 가진 특성에서 크게 벗어나기 힘들기 때문이다.

묵직한 맛이 나는 생두를 사서 자신이 원하는 가벼운 맛이 나게 볶으려고 고생하는 것보다는 애초에 가벼운 맛이 나는 생두를 선택하는 게 더 즐겁게 커피를 만드는 길이다.

산지별 생두의 특징 정보는 책이나 인터넷에서 쉽게 찾을 수 있다. 처음부터 모든 생두를 다 경험할 필요는 없다. 자신이 카페를 다니면서 마셨을 때 선호했던 맛과 가장 가까운 것부터 시작하면 된다.

흔히 남미의 원두는 부드럽다고 말한다. 하지만 같은 남미라고 해도 브라질, 콜롬비아, 코스타리카, 과테말라 등 커피 산지마다 맛이 다르다. 심지어 같은 나라, 같은 지역도 어느 농장인지, 같은 농장이라도 담당 농부의 작업 상황에 따라서도 맛이 달라진다.

그래서 생두를 고를 때는 산지별 특성에 대한 일반적인 정보도 좋지만, 소비자들이 게시판에 의견을 남길 수 있게 해 놓아 구체적으로 어떤 맛이 나는지 올린 글들을 확인할 수 있는 업체를 이용하는 게 좋다.

비싼 생두가 맛도 좋다는 편견에서 벗어나는 게 좋다. 커피는 기호식품이다. 개인의 취향에 따라 좋고 싫음이 나뉜다. 다른 사람이 산미 있는 커피가 맛있다고 해도 자신은 고소한 커피를 좋아하면 산미 있는 커피가 싫을 수도 있다. 일반인을 대상으로 보편적인 맛을 추구해야 하는 커피 사업을 시작하는 게 아니라, 개인적 취미 활동을 위한 것이니 출발점부터 달라야 한다.

일단 자신이 직접 만들어 마시고 싶은 맛이 무엇인지부터 정해야 한다. 요리와 똑같다. 어떤 맛을 내고 싶은가에 따라 요리 재료와 조리법이 달라질 수밖에 없다.

같은 품종이라고 해도 최고 등급의 생두는 결점두가 극소량이기에 원하던 맛이 깔끔하게 난다. 등급이 낮아질수록 결점두의 비중이 증가해서 맛이 달라진다. 그러나 외부 소비자에게 돈을 받고 파는 게 아니라, 취미를 즐기는 입장에서 어느 정도의 결점두까지 들어간 생두를 볶는 게 자연스럽게 맛을 내는 방법이라고 생각한다면 최고 등급만 고집할 이유는 없다. 물론 입맛은 점점 고급화되어 결국에는 최고 등급으로 옮겨가겠지만 시작부터 무리할 필요는 없다. 운동을 시작하면서 어차피 나중에 좋은 장비를 사기 마련이라며 처음부터 최고 등급의 장비를 사는 것보다, 자신의 지식과 기술이 차차 향상됨에 따라 수준에 맞게 장비를 선택하는 게 더 현명한 것처럼 말이다.

생두 가격은 맛의 절대적 가치 이외에 수요 대비 공급량에 의해서도 결정된다. 혹은 특정 업체가 가격 조정 전략을 써서 일부러 희귀하게 만들어 비싸게 팔기도 한다. 그러니 높은 가격을 보고 좋은 맛을 기대하며 생두를 고르는 것은 지속 가능한 취미 생활에는 방해가 된다. 취미 생활을 계속하면 그 가격이 발목을 잡을 수도 있으니 말이다.

생두는 식재료다. 신선도가 생명이다. 수확한 지 1년이 안 된 뉴크롭과 1년이 넘은 패스트는 맛의 차이가 크다. 생두를 구매할 때는 언제 수확한 것인지 포장지에 명기된 것을 사야 한다.

② 홈 로스팅

자신이 원하는 생두를 골랐으면 이제 볶아야 한다. 로스터리 카페는 직화식 혹은 반열반풍식 로스터기를 주로 쓴다. 직화식은 말 그대로 불에 직접 생두를 굽는 방식이다. 드럼에 구멍을 송송 뚫어 화기에 드러내는 것인데, 주변 습도와 온도에 민감해서 일정하게 로스팅하기가 힘들다. 초창기 로스터들이 직화식 일본 로스터기를 가지고 들어와 직접 볶아서 한때 이 방식이 표준이었던 적이 있다. 현재도 역사와 전통이 있는 방식으로 여겨 직화식을 고집하는 로스터도 있다.

반열풍식은 열로 드럼을 직접 가열하는 한편, 구멍을 뚫지 않아서 드럼 안에서 뜨거운 열로 생두를 볶는 방식이다. 한국의 대부분 로스터는 반열풍식 로스터기를 사용한다.

그러면 홈 로스터는 어떤 방식으로 로스팅을 하면 좋을까? 카페에서 쓰는 로스터기를 사서 쓰는 사람도 있다. 하지만 비용 부담이 크니 대부분은 싼 로스팅 방법에 도전한다.

첫 번째, 수망 이용하기다. 구멍이 송송 뚫린 수망에 생두를 넣고 가스레인지 불로 볶는다. 직화식에 가깝다. 연기와 커피 껍질인 채프가 타서 많이 날린다는 단점이 있다. 하지만 이런 방식으로 소비자 눈앞에서 볶아 주는 전문 카페도 있으니 전문가가

된 듯해서 만족도는 높다. 참고로 갓 볶은 원두에는 가스가 포함되어 있다. 그래서 며칠 동안 가스가 빠진 다음에야 원래 로스팅할 때 노렸던 맛이 난다. 가스까지 포함된 맛을 노리지 않는 한 눈앞에서 로스팅해 바로 갈아 주는 방식은 미각보다는 시각의 즐거움이 더 크다. 취미라면 이 즐거움을 추구해도 된다. 단맛까지 추구한다면 로스팅하자마자 마시기보다는 마개에 자동으로 가스가 빠지게 만든 유리병에 며칠 넣어 보관한 후 마신다면 시각과 미각 모두 잡을 수도 있다.

두 번째, 프라이팬 이용하기다. 인터넷을 검색하면 많은 인증 사진을 볼 수 있다. 그런데 만족도는 높지 않은 것을 알 수 있다.

"나도 커피 볶았다."

이런 반응 이외에 정말 원하는 맛을 얻었다는 후기는 거의 없다. 이유는 일단 프라이팬은 직화도, 대류열을 이용하는 반열풍도 아니다. 프라이팬을 달궈서 그 위에 있는 생두가 볶아지도록 하는 방식이다. 고루 볶기 위해서는 나무 주걱 등으로 계속 뒤적거려야 한다. 여름에 불가에서 15분 정도 뒤적이다 보면 취미의 즐거움보다는 이게 뭐 하는 짓인지 하는 자괴감이 더 많이 들수도 있다.

완전히 개방된 공간에서 가열하다 보니 효율적으로 볶기가 힘들다. 생두는 1차 크랙이 대부분 섭씨 180도 이상에서 일어난다. 2차 크랙은 섭씨 210도 이상에서 일어난다. 프라이팬으로 이 온도까지 도달할 동안 나는 열기도 문제고, 연기도 문제고, 채프도 문제다. 채프가 날리지 않더라도 프라이팬 위에서 생두와 볶아지면 타서 쓴맛을 내는 주범이 된다. 더구나 프라이팬을 뒤적이다 보면 채프가 날려 수망식이 아닌데도 청소까지 힘들어진다. 그런데도 맛이 있다고 느낄 수 있다. 다큐멘터리에서 본 아프리카 농부가 화로 위에 돌이나 프라이팬을 놓고 생두를 구워 주는 모습과도 비슷하기 때문이다.

세 번째, 전기밥솥 이용하기다. 프라이팬이 그렇듯 전기밥솥도 생두를 볶는 것이기에 일단 로스팅을 하고 나면 냄새와 탄 자국 등으로 다른 음식을 하기 힘들다. 즉 로스팅 전용 프라이팬과 전기밥솥을 만든다고 생각해야 한다.

전기밥솥은 채프가 함께 탄다. 그리고 로스팅 머신처럼 드럼이 돌아가지 않기 때문에 계속 저어 주며 채프가 공중에 날리게 입이나 선풍기 등으로 위에서 바람을 불어 줘야 더 맛있게 로스팅할 수 있다. 프라이팬보다 열을 가둬 놓기가 좋지만 골고루 생두를 볶으려면 많이 연습해야 한다. 전기밥솥과 비슷하게 팝콘 메이커로 로스팅하는 방법도 있으니 유튜브를 참고해도 된다. 팝콘 메이커의 경우 생두가 서로 너무 많이 부딪혀 깨지는 단점이 추가된다.

로스터리 카페에서 하는 로스팅에 비해 집에서 할 수 있는 세 가지 로스팅 방법은 장점보다는 단점이 더 많다. 하지만 취미로 커피를 만들 때는 단점조차 사랑스럽다. 그게 아마추어다운 자세다. 아마추어의 본래 뜻은 비숙련자가 아니라, '취미를 사랑하는 사람'이다. 즐거움을 주는 대상을 사랑하는 것. 단점이 있어도 말이다.

취미를 사랑하며, 삶을 사랑하며

커피 모임을 하면 자신이 볶은 원두가 가장 맛있다고 하는 사람을 많이 만난다. 취미로 홈 로스팅을 할 정도로 커피에 관심이 있고 맛난 곳을 많이 다녀봤는데 결국에는 자신이 볶은 원두가 가장 맛있는 이유가 무엇인지 물어보기도 한다.

"혹시 제가 로스팅 천재인가요?"

그럴 수도 있다. 하지만 인간이라면 누구나 가진 인지 편향 때문일 가능성이 더 크다.

영국 옥스퍼드대학 통합감각연구소 소장 찰스 스펜스Charles Spence의 연구에 따르면, 인간은 미각으로만 맛을 느끼지 않는다. 모든 감각 기관과 과거의 기억, 미래의 기대 등 복잡한 심리 요소에 더 많이 좌우된다며 미식학Gastronomy과 물리학Physics의 합성어인 미식물리학Gastrophysics이라는 개념까지 만들었다.

찰스 스펜스의 책 《왜 맛있을까》[11]를 봐도 사람들은 보유 효과 endowment effect 때문에 자기가 직접 만든 음식을 더 맛있어한다. 보유 효과는 자신이 소유했거나, 노력을 들였다는 이유로 그 결과물을 더 가치 있게 보는 인지 편향이다. 중고 거래 사이트에서 물건을 사고팔 때도 팔려는 사람이 자신의 물건을 더 가치 있게 생각해서 가격을 높게 부르는 것도 보유 효과 때문이다. 이케아 가구는 완제품보다 소비자가 직접 조립해야 하는 것이 많다. 소

---

11. 윤신영 옮김, 어크로스, 2018.

비자가 노력을 기울일수록 더 값어치 있게 여긴다는 사실을 알기 때문에 쓰는 마케팅 전략이다. 카페에서 마셨으면 불만 접수할 수준의 음료도 자신이 만들었다는 이유로 나름의 좋은 가치를 발견해 내고야 마는 게 인간이다.

보유 효과 말고도 직접 만든 커피를 더 맛나게 느끼게 하는 요소가 있다. 직업적인 로스터와 바리스타는 최종 결과물에 신경을 많이 쓴다. 하지만 아마추어에게는 결과물만이 아니라 과정도 즐거움의 요소다. 즉 미하이 칙센트미하이 Mihaly Csikszentmihaly 가 강조한 '몰입의 즐거움'을 커피 만드는 과정에서 얻기 때문에 더 맛있다고 느끼는 것이다. 취미로 커피를 만드는 사람에게 로스팅 챔피언십이나 바리스타 챔피언십에 준하는 과제를 주면 재미도 없고 결과에 만족할 수 없다. 하지만 자신이 도전할 수 있는 도구와 방법을 찾아 커피를 만드는 데 몰입하면 재미도 있고 만족도도 높아진다.

배드민턴이 취미인 사람은 전국 체전이나 올림픽 금메달리스트에 가까운 실력을 목표로 삼고 향상되는 실력을 확인하면서 매 경기 재미를 느끼는 게 아니다. 그 경기를 하는 과정 자체, 즉 몰입 자체가 주는 즐거움 때문에 만족도가 높은 것이다. 커피를 만드는 최종 결과물 이전에 복작복작 과정을 겪으며 만족도가 높아졌으니 긍정적인 평가로 이어질 확률도 높다.

커피를 직접 로스팅하는 게 제아무리 좋더라도 연기, 열기, 청소 등의 문제는 무시하기 힘들다. 직접 생두를 볶는 게 오히려 즐거움을 반감시킨다면 마음에 드는 카페나 업체에서 로스팅된 원두를 사다가 드립 커피를 만들어 마시는 것도 좋다.

커피 머신을 쓰는 사람도 있다. 그런데 커피 머신은 고온고압으로 에스프레소 커피를 추출하는 원리 때문에 웬만한 가격대가 아니면 원하는 품질의 커피를 얻기 힘들다. 하루 추출하는 커피 양에 비해 꾸준하게 기계 관리와 청소를 하는 번거로움도 무시할 수 없다.

취미로서의 보유 효과와 몰입의 즐거움을 극대화하려면 드립 커피가 적절하다. 드립 커피는 로스팅한 원두를 갈아 뜨거운 물을 부어 커피를 추출한다는 기본 원리는 같다. 그러나 구체적으로 드립 커피를 내리는 방법은 다양하다. 드립 도구만 해도 하리오, 칼리타, 고노, 클레버, 융 등이 있다. 그게 맛의 차이를 만들기에 취미로 계속 자신의 취향에 맞는 맛을 추구하는 재미가 있다.

단, 융 드립은 세균 발생 등의 위험으로 위생 관리가 아주 철저해야 하니 생초보는 피하는 것이 좋다. 처음에는 번거로움이 적고 추출 과정에 더 집중할 방법을 선택하는 전략이 좋다.

전문가들도 하리오와 칼리타로 드립 커피를 내린다. 도구도 도구지만 자신의 손과 감으로 적당한 커피 분쇄 굵기와 추출 시간을 찾는 게 좋은 맛을 결정하는 더 중요한 요인이기 때문이다.

과학적으로는 커피 원두는 균일하게 갈수록 맛을 제어하기 쉽다. 핸드밀, 수동으로 갈면 가해지는 힘이 그때그때 달라서 균일하게 갈기 힘들다. 그래서 원두 전문점에서는 톱니바퀴가 양쪽으로 배치된 타워형 그라인더로 원두를 간다. 굵을수록 맑은 맛이

나고, 미세할수록 추출할 때 표면적이 증가해서 쓴맛이 강해진다. 원두를 살 때 자신이 원하는 맛에 따라 굵기를 조절해 달라고 하면 된다. 그러나 이것은 객관적인 맛일 뿐. 핸드밀을 돌리며 굵기를 조절해서 자기 힘으로 갈 때 보유 효과로 더 맛이 좋다고 느낄 수 있다.

드립을 내릴 때 동심원을 그리면서 원두에 고루 뜨거운 물을 적셔 추출할 수도 있다. 점 드립으로 물줄기를 간헐적으로 원두에 닿게 해서 깊은 맛을 추출할 수도 있다. 아니면 한지 필터를 구해서 아예 물을 한껏 채워놓고 한지의 여과 기능을 통해 군맛을 자동으로 없애서 몇 분 후 졸졸 추출된 커피 원액이 나오도록 할 수도 있다. 이렇게 변수를 다르게 하면서 자기 취향에 맞는 커피를 스스로 만드는 재미를 누리면 된다.

커피 원액을 물과 1:1 비율로 섞어 진하게 마실 수도 있고, 1:2, 1:3 등으로 조율하면서 자신에게 맞는 농도를 찾을 수도 있다.

집에서 우유 거품을 만들 수 있게 도와주는 5만 원 정도의 소형 스팀 팟도 나와 있다. 카페라테, 카푸치노 등 커피 응용 메뉴를 취미로 만들 수도 있다.

누군가에게 판매할 용도가 아니니, 보편적인 맛에 강박적으로 매달릴 필요는 없다. 자신의 취향이 더 중요하다. 사소한 것에서도 자기 세계, 자기 취향을 추구하는 모습, 멋지지 않은가?

그리고 어쩌다 다른 사람을 만나게 되었을 때 그동안 쌓인 노하우로 그 사람에게 맞는 음료를 만들어 주는 것도 멋지지 않은가? 일상이 붕 뜬 듯한 상황에 마음 관리도 하고, 개인적 취향도 추구하고, 사회성도 구축할 수 있는 취미. 커피 만들기에 도전하기를 추천한다.

커피와 나비효과

나비효과의 나비효과

작은 변화가 엄청난 결과의 차이를 가져올 때 "나비효과"라고 한다. 브라질에 있던 나비의 날갯짓이 공기 흐름에 영향을 주고, 시간이 지날수록 그 변화가 또 다른 것에 영향을 줘서 결국 미국을 강타하는 허리케인과 같은 엄청난 결과를 가져올 수도 있다는 인상적인 예시가 세상에 많이 퍼진 덕분이다.

참고로, 이 사례를 처음 소개한 것으로 알려진 미국 기상학자 에드워드 로렌츠는 60년대와 70년대 초반까지만 해도 "초기 조건의 민감한 의존성"을 주장했을 뿐, 정작 브라질, 나비, 허리케인 등을 등장시키며 나비의 날갯짓이 허리케인을 결정한다고 주장한 적이 없다. 오히려 초기 조건의 미세한 차이에 의해 결과가 쉽게 달라질 수 있고 그만큼 무엇이 무엇을 결정한다고 확실하게 예측하는 게 힘들다고 주장했다.

로렌츠의 설명에는 나비가 아닌 갈매기가 등장했다. 로렌츠는 1972년 미국과학학회 발표 때도 강연 제목을 정하지 못하고 단지 나비 모양의 그래프를 사용해서 기상예측을 힘들게 하는 요소를 설명했다. 그런데 그의 발표를 인상 깊게 들으며 나비 모양 그래프를 본 기자, 필립 메릴리스가 아예 "브라질의 나비가 텍사스의 토네이도를 만들까?"라는 제목으로 로렌츠의 이론을 소개했다. 기상 변수를 수치화해서 소수점 네 자리를 반올림해 계산했을 때 전혀 다르게 변하는 기상 예측, 갈매기와 기상예측의 관계 등 복잡한 설명을 했다면? 너무 놀라워 마음을 단번에 사로잡고 직관적으로 이해하기 쉬운 나비 예시와 같이 로렌츠의 이론이 대중적으로 유명해지지는 않았을지 모른다. 잠시 등장한 그래프에서 착안한 '나비효과'라는 말부터 나비효과가 잘 적용된 사례가 된 셈이다.

원래 로렌츠의 의도와는 다르게 세상에 알려지기는 했지만, 초깃값의 미세한 차이에 의해 결과가 완전히 달라지는 현상은 세상에 엄연히 존재한다. 2008년 리먼 브러더스를 시작으로 일부 금융기업의 비도덕적 행태가 불러온 미국 전체뿐만 아니라 세계 경제를 위기에 몰아넣은 일. 중국 우한에서 시작해 전 세계를 집어삼킨 코로나19 바이러스. 그리고 사회적 거리두기에 동참하는 사람과 그렇지 않은 사람의 차이가 사회 전체의 경제와 생활에 미친 영향 등등. 갖가지 사건 사고에서 드러나는 사소한 요소의 영향력은 가공할 만하다.

어디 사건 사고뿐이랴. 드라마나 영화에 많이 활용되는 것처럼 삶을 뒤흔드는 운명적인 만남은 부딪히거나, 버스를 놓치거나, 가까스로 타거나, 비가 오거나, 눈이 오거나, 넘어지거나, 달리거나, 걷거나, 먹거나, 마시거나 등등 사소한 선택의 차이로 만들어지지 않는가?

이렇게 보면 나비효과가 어디에나 있을 것 같다. 삶의 조건을 꼼꼼하게 살펴보는 게 바로 인문학. 자, 한번 살펴보자. 일상에서 커피를 즐기는 일에도 나비효과가 있을 수 있을까? 즉 커피 맛을 좌우하는 미세한 조건에는 무엇이 있을까? 가장 맛있는 커피는 내가 좋아하는 사람이 정성을 다해 오직 나를 위해 만들어 주는 커피라는 감성적인 논리가 아니라, 과학적으로 한번 살펴보자.

① 원두 포장과 커피 맛

원두가 좋아야 커피 맛이 좋은 것은 정설이다. 그런데 원두가 맛을 완전히 결정하지는 않는다. 같은 원두지만, 카페에서 살 때 눈으로 본 포장에 따라 맛이 달라진다면? 투명 비닐, 종이 포장, 가스가 빠지는 환기구가 달린 봉투, 플라스틱병 이런 식으로 확 차이가 나는 것도 아니고 봉투에 붙인 스티커와 같이 사소한 것에도 맛이 달라진다면?

같은 원두, 같은 포장 재질, 같은 용량, 같은 방식으로 추출해서 같은 컵에 넣어 마시는 것인데도 최초 구매 시 포장에 붙은 스티커 디자인에 따라 맛을 다르게 느낀다는 말을 믿기 힘들다. 스티커에는 화학적으로 아무런 기능이 없다. 진짜 맛의 성분이 변하게 할 수 없다. 다만 심리적으로 다르게 느끼게 한다.

직접 실험해 보자. 옆 페이지의 사진은 브라질의 마이사 드 소사 Maisa M.M. deSousa, 파비아나 카발흐 Fabiana M. Carvalho, 로즈메리 피레이라_{Rosemary G.F.A. Pereira} 연구팀이 2020년 실험에서 실제 사용한 봉투다.

A는 초록색이면서 둥근 선을 쓴 스티커를 붙인 원두 봉투다. B는 초록색이면서 각진 선, C는 분홍색이면서 둥근 선, D는 분홍색이면서 각진 선이 있는 스티커를 봉투에 붙였다. 봉투 안에는 같은 브라질 소규모 농장에서 나온 아라비카 스페셜티 원두

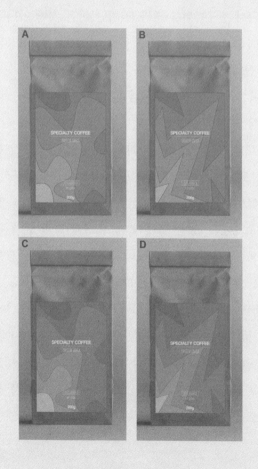

가 똑같이 들어 있다. 실험에 참여한 사람들은 몰랐지만.

일단 색깔의 효과부터 따져 보자. 단맛이 느껴지는 원두는 무엇일까? 실험에 참여한 사람들은 직접 마시기 전 분홍색 봉투에 든 원두가 더 단맛이 날 것이라고 대답했다. 10점 만점에 7.24점이나 줬다. 초록색 봉투는 5.26점을 준 것과는 대조적이다. 그렇다면 산미가 더 느껴지는 봉투는? 초록색 봉투는 6.54점을, 분홍색 봉투에는 4.11점을 줬다. 커피만 이런 것이 아니다. 일반적으로 달콤한 음식이나 과일 가공식품 광고에는 딸기와 같은 분홍색을, 산미가 있는 음식이나 가공식품 광고에 초록색을 쓰는 것도 사람들이 기본적으로 색과 연결해서 떠올리는 맛을 고려하기 때문이다.

색깔 효과는 어디까지나 마시기 전에 해당하는 것일까? 아니다. 초기 조건에 민감한 의존성! 초기 포장 스티커부터 다른 맛을 기대했으니 에스프레소 머신을 통해 나온 커피를 막상 마신 다음에도 차이가 났다. 즉 분홍색 봉투에 담겨 있던 원두는 초록색 봉투에 들어 있던 원두보다 더 단맛이 난다고 평가했다. 한편 초록색 봉투 원두는 더 산미가 난다고 평가했다.

자, 선 모양은 어땠을까? 사람들은 둥그스름한 선이든 각진 선이든 기대하는 단맛의 차이는 없었다. 하지만 산미에 대한 기대는 달랐다. 각진 선이 들어간 봉투에 더 산미가 날 것으로 생각했다. 이런 점을 놓고 보면 신맛을 자랑하는 "아이셔"와 같은 과자의 포장 디자인이 뾰족뾰족하게 되어 있는 것은 우연이 아니다.

재미있는 것은 막상 원두를 마신 다음에는 선 모양에 따라 단맛, 산미의 차이가 없었다는 점이다. 확실한 차이를 보였던 색깔의 효과와는 다르다. 하지만 적어도 원두를 살 때는 기대하는 맛에 차이가 났다. 케냐 AA 키암부와 같이 산미를 자랑하는 원두를 포장할 때는 각진 선을 쓰는 게 원래 원두가 가진 맛에 대한 사용자의 기대를 극대화할 수 있다.

그렇다면 네 가지 조건 중 사람들이 가장 선호하는 포장은 무엇일까? 초록색이며 각진 선을 쓴 봉투였다. 산미에 대한 기대감을 초록색과 각진 선으로 일치함으로써 증폭시킨 조건이었다. 가장 좋아하지 않은 것은 분홍색이면서 각진 선을 쓴 봉투였다. 단맛과 산미라는 일치하지 않은 정보가 들어가 있어서라고 연구자들은 결과를 해석했다. 다시 한번 강조하지만 봉투 안에 든 원두는 똑같은 스페셜티 원두였다. 포장에 대한 초기 기대가 맛과 선호도를 다르게 만든 것이다.

만약에 여러분이 로스팅 카페 주인인데 원두가 쓴맛이 난다면 어떤 포장지를 선택할 것인가? 화끈하게 쓴맛을 강조하려면 숯검정 같은 색을 쓰면 되지만 소비자가 쓴맛에 거부감을 느낀다면 다른 부분에서 쓴맛을 상쇄해야 한다. 즉 포장을 분홍색으로 하거나, 글자나 그림을 둥글둥글하게 만드는 게 좋다. 스타벅스는 산미가 느껴지는 초록색 이미지를 쓰지만 사이렌의 구불구불한 머리 모양도 그렇고 그녀를 감싼 원도 그렇고, 쓴맛보다는 단맛이 연상되게 포장 디자인을 했다. 사소한 차이가 큰 효과를 거두기 바라며.

말 나온 김에 여기서 또 다른 커피 나비효과 사례를 덧붙인다. 스타벅스의 사이렌 로고에서 요정의 코는 비대칭이다. 원래는 데 칼코마니처럼 대칭이었다. 얼굴 대칭은 완벽한 유전자를 가진 표시로서 사람들이 선호한다고 알려져 있었다. 하지만 막상 사람들의 반응을 살펴보자, 완벽한 대칭은 철두철미함, 엄격함 등을 연상하게 했다. 대중에게 친근하게 다가가야 하는 글로벌 프랜차이즈 업체로서는 스스로 장애물을 만든 셈이었다. 그래서 스타벅스 경영진은 디자인을 비대칭으로 바꿨다. 엄청 많은 변화도 아니고 전체 그림의 일부인 사소한 코의 비대칭이지만, 예전보다 더 많은 사람이 부담 없이 스타벅스를 선택하게 되었다.

② 컵과 커피 맛

포장 스티커도 맛에 영향을 준다면 커피를 담은 컵은 어떤 영향을 줄까?

카발홉과 영국의 스펜스는 2019년 컵 모양은 똑같게 하고 색깔만 변화시켜서 사람들의 반응을 살폈다. 이번에도 실험은 네 조건으로 실시했다. 분홍색, 초록색, 흰색, 노란색 컵. 이 중 사람들이 마시기 전에 가장 단맛이 날 것으로 생각한 커피가 담긴 컵은? 그렇다. 분홍색 컵이었다. 가장 산미가 날 것으로 생각한 컵은 초록색 컵이었다. 여기까지는 포장 스티커 결과와 차이가 없다. 재미있는 것은 노란색 컵이었다. 바나나의 단맛과 레몬의 신맛을 연상해서인지 단맛과 산미 모두 높은 기대 점수를 받았다.

실험자들은 커피 원두도 실험 조건으로 추가했다. 부드러운 브라질 원두로 만든 커피를 분홍색 컵에 담았을 때 단맛도 실제로 더 느꼈고, 최종 선호도도 높았다. 그런데 산미가 있는 케냐 원두로 만든 커피를 마셨을 때는 막상 느낀 산미는 별 차이가 없었지만, 최종적으로 산미가 가장 강할 것 같은 초록색 컵과 레몬이 연상되는 노란색 컵에 대한 선호도가 똑같이 가장 높았다.

연구자들은 원두의 기본 특성과 컵 색깔이 일치할 때 선호도가 더 높아진다고 해석했다.

카발홉와 스펜스는 2018년 컵 모양을 다르게 해서 사람들이 느끼는 맛의 변화를 관찰하기도 했다. 연구자들은 색은 하얀색으로 모두 같고, 튤립 모양으로 윗부분이 더 좁아지는 컵, 위로 갈수록 더 넓어지는 개방형 컵, 중간에 호리병 모양으로 줄어들었다가 다시 위로 갈수록 넓어지는 컵을 실험에 사용했다. 이번에도 원두는 똑같았다. 그 결과 튤립 모양의 컵에 담긴 커피가 향이 가장 좋다고 평가받았다.

단맛과 산미는 호리병 모양의 컵이 가장 좋다고 평가받았다. 이런 패턴은 전문가나 일반 참가자 모두 똑같았다. 재미있는 것은 아마추어 실험 참가자의 경우 개방형 컵에 담긴 커피에 대한 선호도가 좋았지만, 전문가 참여자의 경우에는 개방형 컵에 대해서는 선호도가 낮았다는 점이다. 대신에 전문가는 튤립 모양의 컵에 담긴 커피를 선호했다. 와인 연구가에 따르면 튤립 모양의 컵이 향이 밖으로 쉽게 빠져나가게 하지 않아 더 효과적이라고 하지만, 아직 커피를 가지고 연구한 것이 없어 연구자들은 커피 향이 선호도에 영향을 주었다고 추측만 했다.

지금까지 컵의 색, 모양이 맛에 주는 영향을 살펴봤다. 입에 닿는 컵의 질감도 영향을 주지 않을까? 카발홈, 러시아의 발렌티나 모크순노바Valentina Moksunova, 스펜스의 2020년 연구에 따르면 표면 질감이 거칠수록 산미와 애프터 테이스트, 즉 커피를 마신 후 입안에 남아 계속 느껴지는 향미가 좋다고 느꼈다. 반면에 표면이 부드러울수록 단맛을 더 많이 느꼈다.

종합해 보면 산미가 있는 원두는 초록색에 각진 선을 쓴 포장지에 들어가 있는 것을 커피로 내려서 초록색 호리병 모양의 표면이 거친 질감의 컵에 담아서 마실 때 산미를 극대화할 수 있음을 알 수 있다. 단맛을 좋아한다면 분홍색에 둥근 선을 쓴 포장지에 든 원두를 내려서 부드러운 재질의 분홍색 컵에 담아 마실 때가 좋다는 것을 알 수 있다.

지금까지는 모두 뜨거운 커피에 대한 실험이었다. 아이스 아메리카노는 어떤 컵에 마셔야 맛이 있을까? 이미 여러분은 답을 알고 있다. 구체적인 디자인은 달라도 머그잔이 아니라 유리컵에 마실 때가 더 맛이 난다는 사실.

왜 그럴까? 유리는 얼음처럼 투명한 이미지를 갖고 있다. 아이스 아메리카노에는 당연히 얼음이 들어간다. 유리는 시각적으로 컵에 들어 있는 얼음을 투명하게 다 보여 준다. 더구나 유리는 얼음의 색과 비슷해서 더 시원한 느낌을 준다. 전체적으로 얼음 덩어리 같은 느낌을 준다. 갈증 날 때 청량감을 한껏 느끼고 싶어 아이스 아메리카노를 주문하는 사람이라면? 얼음이 시각적으로 보이지 않는 머그잔보다 유리컵이 얼음을 떠올리게 해서 더 시원하게 느낄 수밖에 없다.

삶을 자극하는 작은 변화를 즐기길

나비효과는 비례 편향에 빠지기 쉬운 사람에게 신선한 자극을 준다. 비례 편향은 "어떤 커다란 결과는 그에 비례하는 커다란 원인에 의해 발생했을 것이라고 믿는 성향"이다. 예를 들어 유명인이 사고로 죽게 되면 그 배경에는 오랫동안 진행된 커다란 고민이나, 흉악한 음모나 건드리기 힘든 배후가 있을 것으로 생각하는 것이 바로 비례 편향이다.

그런데 역사에도 사례가 넘쳐나는 것처럼, 우연이나 조그만 조건 변화를 통해서도 거대한 변화가 생길 수 있다. 해방 후 소련과 미국의 장교가 위도 38도를 기준으로 한반도를 나눌 때는 동족상잔의 결과에 대한 고민이나 음모 같은 게 없었다. 결과적으로 놓고 보면 꿰맞출 심각한 원인이 없었던 것은 아니지만, 이 역시 해당 결정을 내릴 당시 실무자들은 별로 고려하지 않았던 사항이다. 시각적으로 한반도의 중간 지점으로 보이는 선을 보고 직관에 따라 결정해서 각자 상부에 보고한 것이다. 권력층에서는 더 심각한 요소를 고려했을 것이다. 하지만 실무자들이 보고한 그 조건에 바탕을 두고 생각했으니 결국 초기 요소가 중대한 영향을 준 것은 나비효과의 이론에 더 맞아떨어진다.

보통은 커피 맛을 좌우하는 절대적인 요소가 있을 것으로 생각하기 쉽다. 하지만 이 책에서 살펴본 것처럼 커피 포장과 컵의 영향력도 만만치 않다. 어디 그뿐인가. 바리스타의 분위기, 내게 건네는 말의 느낌, 주문에서 서빙까지 눈에 들어오는 바리스타의 비언어적 메시지, 커피 머신 혹은 드립 세트의 수준, 앉아 있는 의자의 감촉, 조명의 밝기, 함께 마시는 상대방에 대한 친밀감, 공복 정도, 음악, 날씨, 커피 칼럼에서 새롭게 알게 된 정보 등등 커피 맛에 영향을 줄 수 있는 요소는 참으로 많다. 그래서 같은 커피도 매번 예전 데이터를 바탕으로 예측한 것과 똑같을 수 없다. 나비의 날갯짓처럼 사소한 것에서 출발해 마음을 휘젓는 태풍 같았던 커피 원두도 다음에 마실 때는 강렬한 느낌이 없어서 이게 뭔가 싶을 수도 있는 게 커피의 세계다.

반대로 별것 아닌 조건의 차이인데도 눈이 번쩍 뜨일 정도로 커피가 아주 맛나게 느껴질 기회가 널린 게 바로 커피의 세계이기도 하다. 커피만 그런 게 아니라 사소함에서 시작하는 세상의 운명 같은 기회가 다 그렇겠지만.

이 책의 단초가 된 커피 칼럼을 쓰게 된 계기도 지나가는 듯 던진 사소한 이야기였다. 그 이야기를 계속하는 과정에서 커피에 대한 사랑도 더 커졌다. 카페를 운영하고 많은 손님을 만나고 교감하고 책을 내게 된 지금은 더하다. 사람도 더 좋아졌고 커피도 더 좋아졌고 심리학도 더 좋아졌고 나 자신도, 내 가족도 더 좋아졌다. 처음에는 예측하지 못했던 변화다. 커다란 계기가 있었다기보다는 사소한 변수들이 모여 어쩌다 이렇게 되었다.

애초 커피를 좋아하게 된 계기도 그랬다. 직장에서 각성을 위해 수시로 입에 털어 넣던 인스턴트커피에서 벗어나 장인이 있는 전문점에 우연히 한번 갈 때만 해도 몰랐다. 시간이 흘러 탁월한 맛의 영향력이 증폭되어 더 좋은 커피를 마시는 방법을 찾다 보니, 결국 작가이자 심리학자였던 개인적 직업까지 달라졌다. 나 자신뿐만 아니라 가족 전체가 커피를 내리며 카페를 운영하게 되었고, 유대감도 점점 깊어졌다. 카페를 찾는 손님들에 대해서만이 아니라 세상과 사람을 보는 눈도 깊어졌다. 사소한 삶의 조건인 커피부터 시작한 날갯짓이 내 인생에 폭풍을 몰고 왔다. 지금까지 커피 이야기를 읽은 여러분에게도 이 사소한 글이 좋은 영향력으로 작용하게 되어 멋진 변화가 일어나기를 기원해 본다.